ソ連膨張主義論

寺島 英明

東京図書出版

はじめに

一九一七年三月と十一月のロシア革命を経て、一九二二年三月に正式に成立し、一九九一年十二月に崩壊したソ連は、今日から見ると、ほぼ一貫して「膨張主義」政策に基づいて動く国家であったと言えると思う。私はこれまで、アジアとヨーロッパでの、ソ連と隣接していた諸国の歴史を調べてきて、それを実感しているところである。今回それをまとめることは、ロシアの動向が世界的に注目されている今日、非常に意義のあることだと思った次第である。

ところで、二〇一四年三月の、ロシアによるウクライナのクリミア半島併合を見ていると、ソ連からロシアに変わっても「膨張主義」政策そのものは少しも変わっていないように見える(1)。

日本に北方領土を返還するそぶりも見せないロシアは、むしろソ連以上に頑固であると言えるのかもしれない(2)。そこで私はここに本書を出版し、大方の叱正を賜りたいと思うのである。なお本書の資料は、外務省外交史料館蔵の記録が中心である。外務省外交史料館蔵の記録は当事者の資料が多く、第一次資料と言えるものなのである。

注

（1）『朝日新聞』二〇一四年三月十日号の「タタール人　ロシア警戒　クリミア　少数派の先住民」に、「オバマ大統領は八日、英仏伊の首脳と電話会談し、クリミア自治共和国でロシアへの併合の是非を問う住民投票が行われても、その結果を拒否することで一致した。ロシア議会は住民投票の結果次第で併合に向けた法整備を進める構えだが、オバマ氏らはこうした動きを牽制《けんせい》した」とある。

（2）田中克彦『シベリアに独立を！　諸民族の祖国《パトリ》をとりもどす』（二〇一三年　岩波書店）に、「脱ソビエトのロシア連邦になって以来、ブリヤートの状況は、よりよくなるものと期待されたが、悪化のスピードは、ソビエト時代に劣らなかった。否、それ以上に激しいものだった」（二三一頁）とある。

また、『朝日新聞』二〇一七年六月二日号の「『米基地置かれる』と懸念　プーチン氏、北方領土返還なら」に、「ロシアのプーチン大統領は1日、北方四島について『日本の主権下に入れば、これらの島に米軍の基地が置かれる可能性がある』と述べ、日米安保条約が適用される現状では日本への返還は難しいとの認識を示した」とある。

他に、『朝日新聞』二〇一七年七月七日号の「北方領土に特区」に、「日本とロシアは北方領土での『共同経済活動』について協議中だが、ロシア側の法律に基づいて事業を行うよう日本側に圧力をかける狙いがあるとみられる」とある。

ソ連膨張主義論　目次

第一章　ソ連とアジア三国

一、はじめに

一九七五年のアメリカ軍のベトナムからの撤退後真空に近くなった東南アジアや、紛争頻りのアフリカに外交攻勢をかけたソ連。一九七七年経済水域二〇〇カイリ宣言後の日ソ漁業交渉で日本に圧力をかけたソ連。一九七九年以後アフガニスタンやポーランドに干渉して西側諸国に非難されているソ連。今ほど、ソ連の対外政策が注目を浴びるようになったことはないであろう。

一方、ソ連に南接するトルコ・イラン・アフガニスタンのアジア三国は各々イスラム教を主要宗教とし、中世に強大な王朝を成立させ、民族意識の強い国家である。だが三国とも近代以降、ロシア→ソ連の《拡張主義》に悩まされてきた。以下でソ連（ロシア）の

《民族主義》の発露としての領土要求が問題となったこれら三国の近現代史を、政治史を中心に西から順に概観したいと思う。

二、トルコとソ連

初めは、中世にオスマン帝国を樹立したが、一八世紀以降ヨーロッパ諸国の侵蝕を受け、第一次世界大戦後は滅亡寸前になりムスタファ＝ケマルのもとで立ち直り、今日中東の雄となっているトルコである。ソ連（ロシア）との関係を中心とする近現代史を述べてみたい。

一二九九年建国のオスマン＝トルコは第一次世界大戦でドイツとオーストリアの同盟国側について敗戦後、一九二〇年八月政府がトルコの分解を意味する、破滅的なセーブル条約を甘受した。ケマルは行動を起こしトルコ国民軍を率いてギリシア軍を破り、一九二二年十一月スルタン制を廃止し、一九二三年十月共和国宣言を行った。政教分離、文字革命などの大幅な改革が行われ、一九三四年には第一次五カ年計画が始まり工業化も進められた。

対外関係では一九三六年七月のモントルー条約で、それまで国際海峡委員会が管理していたダーダネルス、ボスポラス両海峡の管理権[1]を回復し、海峡地帯の再軍備権を獲得し、一九三九年六月にはフランスと相互不可侵条約を締結して南部の失地アレキサンドレッタ（ハタイ）を回復したという。[2] トルコの国内・国外政策は一九三八年十一月ケマルが死去し、かわって元首相のイスメットが大統領になってもかわらなかった。[3]

第二次世界大戦が勃発すると、一九三九年十月英仏と相互援助条約を締結し、ソ連とは一九四一年三月相互不可侵条約を締結し、ドイツとは通商協定と不可侵条約を締結したが、中立政策を堅持した。

戦後は西側寄りの路線を採っているが、ソ連とも友好関係を維持し、一九六〇年五月のクーデターなどを経て現在は一九八〇年九月以来の軍政のもと、混合経済体制をいっそう推し進めている。次に対ソ（ロシア）関係を見たい。

オスマン＝トルコは一七世紀以後衰え始め、ロシア帝国には一七七四年のキュチュク・カイナルジャ条約と一七九二年のヤッシー条約により黒海北岸の領土を奪われたが、ロシアの最後の領土割取は露土戦争後の一八七八年七月のベルリン条約による東部二州のカルスとバツームであった。第一次世界大戦でオスマン＝トルコが敗れロシア革命を経たソビエト・ロシアの混乱後、一九二一年三月にトルコはソビエト・ロシアとモスクワ条約を締結して二州を取り戻した。また一九二〇年のセーブル条約ではアナトリア（小アジア）の北東部がアルメニア社会主義ソビエト共和国に譲られることになっていてソビエト・ロシアに有利のはずであったが[4]、一九二二年十月に同条約は廃棄され、一九二三年七月締結のローザンヌ条約でアナトリア全土がトルコ領であると確認される。

一九二三年の共和制移行後国内では経済自立化と社会革新が行われ、一九三三年八月国際連盟に加入し、またソ連とは一九二一年のモスクワ条約以来友好関係を維持していたが[5]、一九三〇年代後半になりドイツの東南欧進出が著しくなりトルコにも接近し始めると、ソ連は英仏の中東工作に倣ってトルコとの提携強化のための外交攻勢を展開した。だがトルコは英仏に接近し、第二次世界大戦勃発後一九三九年英仏との間に相互援助条約を締結するのである。

一九二五年十二月締結のソ連とトルコの中立不可侵条約も継続されていてトルコは中立策を採っていたが[6]、一九四〇年十一月ソ連のモロトフ外相は、日独伊三国同盟へのソ連の加入問題をドイツのベルリンでヒトラーらと協議した際、最後に「ダーダネルス、ボスポラス海峡地帯のソ連勢力圏への編入[7]」をも前提条件として要求したという。これは「地中海と近東をねらうナチの野望と真正面から対立するだけに、ことのほかナチを激怒させた[8]」というが、まさしく、「スターリンはコンスタンチノープルにロシアのツァーリグラード（ツァーリの都）を築こうという彼らの見果てぬ夢を温めていたのである[9]」といっても過言ではあるまい。

ソ連は一九四一年トルコと相互不可侵条約を締結したにもかかわらず、さらに一九四五年三月、一九二五年のトルコとの中立不可侵条約を破棄し、一九三六年のモントルー条約の改正と「ロシアの年来の野望に取りつかれたごとく、ダーダネルス、ボスポラス海峡に基地を要求した。それのみか、ソ連は、一八七八年にロシアが奪取しながら、のちに革命につづく混乱のなかでトルコに取り返されていたトルコの東部二州を要求した。さらに非公式な形ではあるが、ソ連はアナトリアのかなりの部分がかつてグルジア王国に服属していたことを根拠にして、その割譲を要求した[10]」（傍点は引用者。以下同様）という。最後の項目の《グルジア王国に服属していたからソ連領》という論法はおよそ、現代国家の国際法理論に悖るものであるといえる[11]。

以後の歴史が証明しているとおり、ソ連はいずれの要求も実現させることができず、戦後トルコ自身は逆にアメリカの軍事援助などにより、その同盟国となった。今日トルコ共和国はソ連とも一九七七年三月締結の経済協力協定や一九七八年六月調印の「善隣・友好協力に関する政治文書」を通して友好関係を維持しているとはいえ、NATO（北大西洋条約機構。一九五二年二月加盟）の一員として反共路線を堅持しているのである。[12]

だがトルコは一九七〇年代後半に左右両翼の衝突や反政府暴動が起こり、また一九七四年七月以来のギリシアとのキプロス問題も抱えており、政情は必ずしも安定していない。

三、イランとソ連

次は、古代にアケメネス朝、中世にササン朝という民族的大王朝を成立させたが、近代になり英露の脅威をうけ二回の世界大戦で二度両国に占領されたイランである。ソ連（ロシア）との関係を中心とする近現代史を述べてみたい。

一七九六年に成立したトルコ系のカージャール朝はヨーロッパ勢力、とくに英露の圧迫をうけ領土を割取された。国内では専制政治が行われていたが、一九〇六年の立憲革命で立憲政治が始まった。だが翌一九〇七年八月の英露協商で、イラン北部がロシアの、南東部はイギリスのそれぞれ勢力範囲となってしまう。

第一次世界大戦でイランは中立を宣言したが、イラン西部が戦場となり英露軍に占領され、戦後一九一八年初めイギリス軍がイランの大部分を占領する。一九二五年十二月ペルシア人のレザー＝ハーンがパハラヴィー朝を樹立してレザー＝シャーとなり、石油事業などを通して後進性脱却の政治を行い、一九三五年三月には国号を「ペルシア」から「イラン」と改めた。

第二次世界大戦で再び中立を宣言するが、一九四一年八月南北から対ソ支援ルートの確保のためイギリス・ソ連両軍が侵入し、アメリカ軍も一九四三年に進駐した。

終戦後、米英ソ軍は撤退する。以後イランは親西欧政策を採り始めたが、地理的位置と石油問題から微妙な立場におかれ、一九五一年五月には石油国有化を宣言した。その後一九五五年十月にＭＥＴＯ（中東条約機構。一九五九年八月にＣＥＮＴＯと改称されたが、一九七九年九月に解体）に参加して以後西側陣営の一員であったが、一九七九年一月のイラン革命後は混乱が続いている。次に対ソ（ロシア）関係を見たい。

一八世紀末に成立したカージャール朝に対するロシアの進出は急であり、ロシアは一八世紀末にイラン領だったグルジアを保護国化し、一九世紀初めのイランとの戦争に勝って一八一三年のグリスターン条約と一八二八年二月のトルコマンチャーイー条約によりカスピ海西岸のカフカズの大部分を獲得した。後者の条約ではイラン国内のロシア人の治外法権をも認めさせている。英露の角逐は激しく、一九世紀後半になると経済的浸透を競争した。ロシアはイラン国内に電信線を架設するなどしたイギリスに対抗して、イランに圧力をかけロシア将校の訓練と指揮によるコサック連隊を一八七九年に創設させ、また一八八八年にはカスピ海の漁業権も得た。

一九〇五～一九〇九年の立憲運動でイランは立憲君主国となり社会改革なども行われたが、英露の進出は続き、両国はドイツ勢力の東方進展阻止を狙って一九〇七年英露協商を締結したのである。首都テヘランを含む北部をロシアの、南東部をイギリスの勢力範囲とし中間地帯を緩衝地帯にするというものであった。「これはまことに理不尽な協定といわねばならぬ。正にヨーロッパ侵略帝国主義の最盛期を特徴づける横暴極りない外交政策の一例であった[13]」といえる。北部の方がイランの心臓部ゆえロシアに有利であったが、ロシアに譲歩してドイツの進出を阻みインド防衛を図ろうというのが、イギリスの作戦であった。

以後イランは国家財政の破綻、英露の内政干渉により国運は傾き、第一次世界大戦を迎える。イランは中立を宣言したが、対外的に無力であり北部にはロシア軍が、南部にはイギリス軍が侵入して駐屯した。西部にはオスマン＝トルコ軍も侵入している。一九一五年三月イギリスとロシアはイランにおけるドイツ勢力の駆逐を約した英露密約を結んでいる。一九一八年三月締結の独ソ間のブレスト－リトフスク条約によりロシア軍とトルコ軍は撤退を始めたが、途中ロシア軍は略奪や暴行を恣にしたという(14)。

後、英軍が全土を占領し、一九一九年八月イギリスはイランと、イランを保護国化するような軍事協定を締結し、同年イランは国際連盟にも加入した。だが内紛が起こり、一九二一年二月テヘランを占領したレザー＝ハーンが一九一九年のイギリスとの軍事協定を破棄し、一九二五年パハラヴィー朝を樹立したのである。ソ連とは一九二一年二月に、英露協商廃棄などを謳った友好条約を締結した。

レザー＝シャーは国家の完全独立とトルコを模範として教育・社会政策などによる近代化を追求し、一九二七年十月にはソ連と中立および相互不可侵条約を締結し、一九三四年にはトルコを訪問し、一九三七年にはトルコ、アフガニスタン、イラクとの間に、英ソに対抗するイスラム教民族主義国家群の共同防衛陣の結成を意味する相互不可侵条約であるサーダバード条約を締結した。また一九三八年八月にはアメリカ資本などの手によって、カスピ海南岸からペルシア湾岸に至るイラン縦貫鉄道が完成している。

第二次世界大戦が勃発すると、イランは一九四〇年三月ソ連と通商条約を締結した(15)が、中立を宣言する。以前から中東進出を図るドイツとの関係がむしろ強まっていた結果、一九四一年七月と八月イギリスとソ連から在イランの、技術者を中心とするドイツ人の追放を要求される。だが「レザー＝シャー個人としても、共産主義にたいする恐怖から、ソ連に敵意を抱いていた(16)」ため、拒絶した。それに対し同年八月西南部からイギリス軍が、北部からソ連軍が前述の目的もあり侵入し始め、九月レザー＝シャーは退位し、皇太子のムハンマドが即位してムハンマド＝レザー＝パハラヴィーとなった。国土が英ソ軍に占領された後、イランは国内で民主主義的政治が行われることになり、一九四三年九月には対独宣戦を布告する。同年の十一～十二月には米英ソのテヘラン会議も行われ、イランに関しては経済援助などが決定された。

戦後イランは米英ソに撤兵を要求し、アメリカ軍は一九四五年十二月までに、イギリス軍は一九四六年三月までにそれぞれ撤退するが、イラン北西部のアゼルバイジャン地方に起こった少数民族アゼルバイジャン族の反乱(17)をめぐって、当地に一九四六年一月成立した自治共和国への駐留を要求するソ連とイランは対立しソ連軍は撤退しなかったが、アメリカの強硬な撤退要求もあり、ソ連とイランの交渉がまとまり結局一九四六年五月までにソ連軍は撤退した。アゼルバイジャン地方にはイラン軍が同年十二月に進駐し、自治共和国は消滅した。

イランは戦後、「親ソ」的なモサデク首相[18]の、イギリスとの国交断絶や皇帝の国外脱出にまで至った石油国有化が一九五三年八月に失敗した後、一九六三年一月からの、農地改革、婦人参政権の認可などの「白色革命」を経て石油により国力を強化し、親米路線を採りながら中東の覇者を目指していた。だが一九七八年に反政府暴動が激化し、一九七九年一月にイラン革命が勃発してレザー＝パハラヴィーはエジプトに脱出し、同年三月イスラム共和国に移行した。

さらに一九八〇年九月には隣国イラクとの戦争も始まり、イランの前途は多難である。しかもイランは北西部の少数民族クルド族の、一九七九年六月以来の反乱にも悩まされているのである。[19]

四、アフガニスタンとソ連

最後は、発展途上国[20]ではあるが、ソ連の戦略拠点であり、イスラム教を国教とする国家パキスタンや社会主義大国中国にも接している、現在内戦状態のアフガニスタン[21]である。ソ連（ロシア）との関係を中心とする近現代史を述べてみたい。

一七四七年に成立したドゥッラーニー朝はアフガニスタンで最初のアフガン人の民族的独立王朝であったが、一八二六年にバーラクザーイー朝に交代し、王位継承をめぐる争いに、進出を図る英露の対立が絡んでイギリスとの二回のアフガン戦争が起こり、その結果一九〇五年にイギリスの保護国となってしまう。

第一次世界大戦後アフガン人の反英気運が高まり、第三次アフガン戦争によって一九一九年八月に独立した。内紛後一九二九年末にナーディル＝ハーンが王位についてナーディル＝シャーとなり、立憲政治の確立、教育の奨励などの、親英的な近代化政策が採られたが、一九三三年十一月の彼の死後、子のザーヒル＝シャーが王位につくと親独政策に転換し、一九三九年にはドイツと金融・通商協定を締結した[22]。

第二次世界大戦ではドイツ人技術者がいたものの、中立を守る。戦後一九五六年九月から米ソの援助合戦によって経済開発五カ年計画が実施されたが、一九七三年七月ダウド元首相のクーデターで王制が廃され共和制に移行し、親ソ政策が採られていたが、一九七九年十二月ソ連軍が侵攻し、内戦が今日まで続いている。次に対ソ（ロシア）関係をみたい。

一九世紀に入ると、バーラクザーイー朝に対して北からはロシア、南からはイギリスの圧力が加わり、イギリスとの対立から一八三八年十二月に第一次アフガン戦争が起こり、イギリス軍は敗れて一八四二年一月撤退した。国王のシール＝アリーがロシアに近付き、イギリス大使の入国を拒否したので、ロシアの進出を恐れたイギリス勢力によって一八七八年十一月第二次アフガン戦争が起こされたが、今回もイギリスは決定的な勝利を収められず、一八八〇年シール＝アリーと縁続きのアブドゥル＝ラフマーンを王位につけて撤退した。

そこでイギリスは「アフガニスタンの国境を画定し、この国を壁としてロシアの南下を防ぐこと」(23)を考えて、英露の協議によって一八八七年にアフガニスタンとロシア間の国境、翌一八八八年にはアフガニスタンとイラン間の国境がそれぞれ決定され、アフガニスタンとイギリスの協議によって一八九三年にはアフガニスタンと英領インドとの国境が決定された。最後の境界が「デュランドーライン」であり、アフガン人居住区域を二分したため、今日まで問題になっているのである[24]。

一九〇一年アブドゥル＝ラフマーンが死去し、子のハビブラー＝ハーンが王位についたが、同年アフガニスタンとイギリス、ロシアとの協定が締結され、アフガニスタンは一応安定した。一九〇五年アフガニスタンの外交権はイギリスに移され国王のハビブラー＝ハーンはインドからの、一六万ポンドの年金の受領者となって、アフガニスタンはイギリスの保護国となった。

一九〇七年八月の英露協商でロシアは、アフガニスタンは勢力範囲外にあることを宣言し、一方イギリスは、この国で特殊的地位を占めるものの、この国のいかなる部分も占領または併合しないと約束した。しかもアフガニスタン政府自体は英露協商に同意しなかったが、実質的にアフガニスタンはイギリスの勢力範囲となってしまうのである。「アフガニスタンをめぐるイギリスとロシアの紛争はここに終止符をうったのである[25]」といえる。

第一次世界大戦では国内に、同じイスラム教国家ということで同盟国側のオスマン＝トルコを支持する意見が強かったものの、中立政策が堅持された。一九一九年ハビブラー＝ハーンの死後、五月に王位についた彼の三男であるアマヌラー＝ハーンはアフガニスタンの民族的完全独立を目指してインド北西部に侵入し第三次アフガン戦争を起こしたが、同年八月イギリスとアフガニスタン間の休戦協定が英領インドのラワルピンジーで締結され、アフガニスタンは外交権を回復して独立国となった。一九二一年二月にはソビエト・ロシアと、同年十一月にはイギリスとそれぞれ友好条約を締結し独立が正式に両国に認められるが、ソビエト・ロシアとの北部国境では一九二二年八月頃まで、英領インドとの南東部国境では一九二四年三月頃まで緊張は解けなかった、という。[26] アフガニスタンは一九二一年三月トルコと、相互承認に関する条約を締結している。

一九二〇年代において、反英・親ソであるアマヌラー[27]は女性の解放、政教分離などの近代化政策を採り、一九二六年八月にはシャーを名乗り、同年八月にはソ連と中立および不侵略条約を締結し、一九二七年十二月から一九二八年七月にかけてトルコ、イランなどのイスラム教国家を訪問した。トルコとは一九二八年、イランとは一九二三年十一月、それぞれ友好条約を締結している。帰国後彼はトルコの改革に刺激されていっそうの近代化を進めようとしたが、一九二八年十一月近代化政策に反発した保守派の反乱が南部で起こり、混乱のなかで一九二九年五月彼はイタリアに亡命した。[28] 同年アマヌラーと縁続きのナーディル＝ハーンが王位につき、[29] 子のザーヒル＝シャーの代になってトルコに範をとった経済発展策が採られ、一九三四年国際連盟に加盟し、一九三五年十一月ソ連と武器売買をも含む通商協定を締結した。

第二次世界大戦で再び中立を守ったが[30]、一九四一年十月英ソはイランに対して行ったのと同様に、在アフガニスタンのドイツ人の追放を要求している。アフガニスタン政府はイランが英ソ軍に占領されたのをみて、これを認めた[31]。戦後一九四七年ソ連、イランとの間の国境紛争は解決し、また一九五三年九月から一九六三年三月までダウド将軍が首相のとき、親ソ政策が採られ軍近代化や社会変革などが行われた。

一九七三年七月、元首相ダウド将軍が「ソ連の後押しによるものだったといわれている[32]」クーデターを起こし、王制を廃止して大統領に就任して以来アフガニスタンはソ連に傾斜し、元首もダウドからタラキ、アミンとかわったが、一九七九年十二月ソ連軍が侵攻し、元副首相のカルマルが元首となったのである。

アフガニスタン民主共和国は一九八〇年六月、コメコン（経済相互援助会議）へのオブザーバー加盟が認められたという[33]。国内はソ連一色である[34]。

五、おわりに

アジアのイスラム民族主義をもつ三国の、領土問題を中心とする近現代史を見てきたが、三国の現状はまったく異なっている。トルコは反共同盟に加わり、イランは反米中立策を採り、アフガニスタンはソ連側に立っている。だが近代に入ってロシア↓ソ連の《民族主義》の影が重くのしかかっていた点では三国とも同様であろう。ロシア↓ソ連と、イデオロギーは異なっても《領土拡張欲》という点では奇妙に両者は一致しているのである。

さらにトルコ、イラン、アフガニスタンの三国は第一次世界大戦後、共和国と王国というように体制は異なっていても、トルコが主に範を示す形で一定の近代化を目指していた、という点でも共通している。

ただ、今回はイスラム三国の、対外関係を中心とする政治史の概略を述べたにすぎず、国家の性格を規定する、三国の社会・経済方面は明らかにすることができなかった。それらは後日を期す、ということで本章を終えたい。

注

（1） 大島直政『遠くて近い国トルコ』（一九六八年　中央公論新社）に、一九二三年のローザンヌ条約において「ボスポラス、ダーダネルス両海峡は国際管理委員会が管理するが、トルコがその議長国となることで妥協した」（一三二頁）とある。

（2） 前嶋信次『世界各国史11　西アジア史』（一九七二年　山川出版社）に、トルコは一九三九年「六月、フランスの委任統治下にあったイスケンデルンの返還を受け、あらためてハタイ（ヒッタイトの地）と名づけた」（五七七頁）とある。

（3） 外務省記録『諸外国内政関係雑纂　土国ノ部』の「第二〇四号ノ五」の武富在アンカラ大使から有田外相宛電信に「……『イスメット』ハ首相時代親蘇主義者ヲ以テ目セラレ居リタルヲ以テ一部ニハ今回ノ大統領就任ニ依リ土ノ親蘇傾向拍車ヲ加ヘラルヘシト説ク者アルモ一昨年来蘇聯ヲ背後ニ仰キツツ他方英ト・モ固ク親交ヲ結ハントスル新政策ハ『イスメット』首相時代ノ画策ニシテ……」（一九三八年十一月二十六日）とある。

（4） 『アジア歴史事典』（一九七一年　平凡社）の「アルメニア」の項に「赤軍の援助のもとに二〇年十一月東アルメニアにソヴェト政権が樹立され」た、とある。アルメニア社会主義ソビエト共和国は一九二二年十二月にソ連に加盟したのであるから、セーブル条約が実施されていれば、ソ連の領土は東アナトリアにまで広がっていたことになるのである。

（5） 尾上正男『ソビエト外交史Ⅲ』（一九七〇年　有信堂）に「元来トルコとソ連との関係は、ソ連政権成立いらい良好な友好関係が約二〇年つづいていた。ソ連は革命政権の性格上帝国主義の犠牲者たるトルコに同情しつつ、ソ連の安全保持の立場から、その友好関係を歓迎していた。トルコも、また同様の立場でソ連との友好を歓迎していた」（七六頁）とある。

（6）外務省記録『諸外国内政関係雑纂　土国ノ部』の「第二〇四号ノ六」の武富在アンカラ大使から有田外相宛電信に「……最近ニハ独勢力ノ東漸ニモ稍々迎合ノ色ヲ示ス等……八方美人的媚態ヲ示テ偏ニ自己保存ヲ全フセントスル方策ニ出テ居ルモノト見ル外ナキ次第ナル……」（一九三八年十一月二十六日）とある。

（7）ロバート・ウェッソン（大朏人一訳）『ソ連とは何か』（一九七〇年　サイマル出版会）二〇頁。他に尾上正男前掲書一四三〜一四五頁参照。

（8）ロバート・ウェッソン前掲邦訳二〇頁。

（9）同右二〇〜二一頁。

（10）同右二三〜二四頁。

（11）田畑茂二郎『国際法の話』（一九七四年　日本放送出版協会）に「……住民の自決の原則にもとづかないかぎり、領域移転の効果が生じない、というのが、今日のソビエト国際法理論の考え方だといってよい」（六〇頁）とある。

（12）リヒャルト・ローウェンタール（小松修幸抄訳）「ソ連の〝逆帝国主義〟」（『中央公論』一九七七年七月特別号　中央公論新社）に、トルコは「ソ連との関係改善は独立維持の補強手段になるとして、これを歓迎しているものの、再保険として西側との緩やかな同盟に依然としてすがっている」（二二六頁）とある。

（13）前嶋信次前掲書三一七頁。

（14）同右五五三〜五五四頁。

（15）外務省記録『日本、イラン国間修好条約関係一件』の外務省欧亜局「イラン国事情概説」に「……『イラン』国ト『ソ』聯邦トノ関係ハ一九三八年『ソ』聯邦ニ依ル同国在住『イラン』国人ノ追放及両国間通商条約ノ満期終了等ノコトアリ悪化セルガ本年三月二十五日両国間通商条約ノ調印ヲ見ルニ及ビ両国ノ国交ハ改善ニ向ヒタリ」（一九四〇年六月）とある。

(16) 岩村忍『世界の歴史19　インドと中近東』（一九六九年　河出書房新社）三六〇頁。

(17) 前掲事典『アジア歴史事典』の「アゼルバイジャン」の項に「南カフカズにあるアゼルバイジャンの地は、今日ではアラクス川で境を接してソ連領とイラン領との二部分に分かれている。前者は一九二〇年以来ソ連邦構成共和国の一つをなし、……イラン領のアゼルバイジャンも、第二次世界大戦後、自治を求めての闘いが強まっている」とある。

(18) 川清之「中東の独裁者石油帝国イランのパーレビ（上）」（『軍事研究』一九七六年十二月号　ジャパン・ミリタリー・レビュー）一二七頁と、松本重治『世界の歴史16　現代』（一九六五年　中央公論新社）四〇四〜四〇六頁によれば、民族主義者であったモサデクは、共産党と手を結び土地改革を始めたりしたとはいえ、共産主義者ではなく、あくまで「民族主権」を主張したのみであるという。

(19) 稲坂硬一「イラン革命の全貌」（『軍事研究』一九七九年十二月号）五八〜六〇頁参照。

(20) 『朝日年鑑一九七六年版』（一九七六年　朝日新聞社）の「アフガニスタン共和国」の項によれば「国土の七五％は高山と砂ばくで、可耕地は国土の二二％。農業と牧畜が国民総生産の八〇％を占める。一九七一〜七三年は干害に苦しんだ」という。また前掲事典『アジア歴史事典』の「アフガニスタン」の項には「灌漑農業、遊牧が行なわれるほかは、一般に産業は活発でなく、内陸の交通条件にも恵まれず、鉄道はまだ敷設されていない」とある。

(21) アフガニスタンは北東部のワクハン回廊を通して中国と隣接していたが、ソ連が一九八〇年十一月同回廊を併合したようである。『朝日新聞』一九八〇年十一月六日号の「ソ連　アフガン北東の要衝ワクハン回廊併合か」参照。

(22) 外務省記録『諸外国内政関係雑纂　アフガニスタン国ノ部』の「第四二号ノ二」の北田在カブール公使から有田外相宛電信に「……独逸政府ハ武器『クレヂット』及金鉱開発方ヲ受諾セルカ独逸軍備ノ強力ナルハ驚クヘク同国ノ当国進出動機ハ主ニ経済的ニテ蘇聯牽制ノ意図モ多少含マル」（一九三六年五月八日）とある。

(23) 岩村忍前掲書二二四頁。

(24) アフガニスタンの、一九七三年以後の歴代の元首はパキスタン内の北西辺境州に住む、アフガン人と同族のパターン族の独立運動――パクトニスタン自決運動を積極的に支援しており、その背後にはソ連がいるのである。斎藤吉史「辺・境・物・語④　パクトニスタン＝上＝」（『朝日アジアレビュー』一九七七年春季号　朝日新聞社）参照。

(25) 岩村忍前掲書二二六頁。

(26) 前掲事典『アジア歴史事典』の「アフガーン戦争」の項による。

(27) 外務省記録『阿富汗斯坦、蘇聯邦間修好条約関係一件』の「公第一二〇号」の広田在「ソビエト」連邦特命全権大使から幣原外相宛電信の「『ソヴイエト』露国及阿富汗斯坦国間修好条約ニ関スル新聞論評報告ノ件」に「『ソ』聯邦及阿富汗斯坦両国ノ外交関係ハ……『アマヌラ、ハン』即位スルニ及ヒ一層親善ノ度ヲ増セリ」（一九三一年二月十七日）とある。また同電信所載の『イズベスチヤ』一九三一年二月二十八日号の「『ソヴイエト』露国及阿富汗斯坦国間条約ノ十年」に「……阿富汗斯坦ハ……対内及対外政策上其独立ヲ極力維持スルニ於テノミ国家ノ基礎ヲ鞏固ナラシメ得ヘク之カ為ニハ最初ニ阿富汗斯坦ノ独立ヲ承認シ且独立ヲ支持シ且強固ナラシメタル『ソ』聯邦トノ更ニ緊密ナル接近ヲ必然的ニ要求スヘシ」とある。以下「公第一二〇号」と略す。

他に外務省記録『諸外国内政関係雑纂　アフガニスタン国ノ部』の「公第四八号」の安達在仏特命全権大使から田中外相宛電信の「『アフガニスタン』王ノ退位ニ関スル件」に「……『タン』（十六日）モ……『アマヌラ』王カ……印度政府ニ対シテハ明ニ不信ノ態度ヲ表シタル……ト結ヘリ」（一九二九年一月十八日）とある。ちなみに『タン』はフランスのパリの新聞である。

（28）岩村忍『世界の歴史12　中央アジアの遊牧民族』（一九七七年　講談社）三二三〜三二八頁。また外務省記録『諸外国内政干《（ママ）》係雑纂　アフガニスタンノ部　内乱干《（ママ）》係』の「普通第四七号」の佐分利在英臨時大使から田中外相宛電信の「『アフガニスタン』ノ叛乱ニ関スル件」に「……今回ノ叛乱ニ関シ英国政府ハ英国ノ勢力拡張ノ為『アマニユラ』王ノ政府ヲ顛覆センコトヲ希望シ叛徒ニ援助ヲ与ヘテ居ル……ト露西亜ノ諸新聞及一部ノ独逸新聞カ伝ヘテ居ル」（一九二九年一月二十二日）とある。

（29）外務省記録前掲「公第一二〇号」に「……『イズヴエスチヤ』紙ハ『ソ』聯邦阿富汗斯坦大使『モハメッド、アジス、ハン』カ『タッス』通信員ニ対シテ為セル左ノ如キ要領ノ会談ヲ掲載セリ……新政府モ成立当初ヨリ各国就中『ソ』聯邦トノ親睦友好関係ノ確立ニ関スル熱望ヲ声明シ来レリ……」とあり、新政府のナーディル＝シャー政府も「親ソ」を一応掲げていたようである。また同右に「……二月二〇日倫敦発電報トシテ同紙上ニ報道セラレタル英国ノ『ナデイール、ハン』ニ対スル英貨一七万二千磅借款及武器贈与説」とあり、同政府は中心政策として親英政策を採っていたことがわかる。ちなみに「同紙」は『イズベスチヤ』のことである。

（30）外務省記録『諸外国内政関係雑纂　アフガニスタン国ノ部』の「第八四号」の守屋在カブール公使から阿部外相宛電信に「当国政府ハ三日閣議ヲ開キ中立ヲ厳守シ親英ト認メラルヘキ一切ノ行動ヲ内査スルコトヲ申合ハセタル模様ナリ情報ニ依レハ当国政府ハ蘇聯ヨリノ脅威及時局ヲ背

景トスル廃王『アマヌラ』ノ策謀ニ備ヘル為英国ニ近付クノ有利ナルヲ知リツツモ当分中立ヲ装フニ至レルモノナリ」（一九三九年九月八日）とある。

(31) 岩村忍前掲書『世界の歴史12　中央アジアの遊牧民族』三三一〜三三三頁。

(32) 「ソ連の〝戦略拠点〟アフガニスタン」（『朝日新聞』一九七五年六月二十三日号）による。

(33) 『朝日年鑑一九八二年版』（一九八二年　朝日新聞社）の「アフガニスタン民主共和国」の項による。

(34) 『朝日新聞』一九八〇年七月二日号の「アフガンの断面　ソ連軍侵攻から半年（中）」に「国民の大きな抵抗をよそに、教育を中心にして大規模な〝ソ連化〟がはかられている」とある。

第二章　ソ連とヨーロッパ三国

一、はじめに

一九一七年十月革命により社会主義国家となったロシアは干渉戦争を乗り越え、一九二二年十二月にはソビエト社会主義共和国連邦となった。この間、レーニンの「民族自決」主義よりもスターリンの「諸民族団結」主義[1]が重視され、辺境で分離した民族はヨーロッパの、フィンランドのフィン人[2]とバルト海沿岸三民族（エストニア人、ラトビア人、リトアニア人）とポーランド人のみであった。

一九三〇年代に入りヨーロッパでヒトラーのファシズムの台頭が始まると、ソ連は軍事中心の国内政策を採るかたわら、一九三〇年代前半はヨーロッパの現状維持を図り、一九三〇年代後半に入るとドイツとの国境調整を行って自国の安全を図ることを考えて[3]、一九三九年八月に独ソ不可侵条約を締結した。その中の「秘密付属議定書」で、両国によるポーランド分割とバルト三国のソ連への編入を決めているという。[4]

一九三九年九月の第二次世界大戦の勃発から一九四一年六月の独ソ戦争開始までの間、ソ連は「東部防衛線」を確保するためと称して、ポーランドの東半分を占領し、続いてバルト三国を併合し、さらにフィンランドとの戦争の結果フィンランドからカレリアを得、[5]一九四〇年六月にはルーマニアからベッサラビアと北部ブコビナを得ている。だが「東部防衛線」確保といっても「対独恐怖のためというより、むしろチャンスを逃がすのを恐れたか、あるいは、ヒトラー・ドイツの大々的な成果に羨望を禁じえなかったため[6]」領土を拡張した、とみてよいと思われる。

一九四一年六月ドイツが独ソ不可侵条約を破棄し、ソ連に侵入して独ソ戦争が始まり、一九四三年から連合国の反攻が開始され、一九四五年五月ドイツが降伏し、同年八月日本の降伏で第二次世界大戦は終結した。

ソ連は、大戦の結果「六七万平方キロ、イギリス、イタリア、ギリシアの三国を合わせた面積の領土拡張をはかった[7]」という。

第二次世界大戦後、ソ連は一九六〇～一九七〇年代、第三世界への進出を積極的に行ったが、一九九一年八月の保守派のクーデター失敗後、同年十二月ソ連が消滅して、その中にロシア連邦などが成立し、今日に至っている。

以下で、かつてソ連と隣接していたヨーロッパ三国、北からフィンランド、ポーランド、ルーマニアについて、ソ連との間の、領土問題を中心とする歴史を見ていきたい。

二、フィンランドとカレリア問題

最初は、北ヨーロッパで中立主義を掲げるフィンランドである。近現代史を見たい。

フィンランドは一八〇九年ロシアに併合され、一八六三年大公国として自治領になった。独立運動が続き一九一七年のロシア革命時、同年十月に独立を宣言したが、ソビエト・ロシアの支援を受けた革命政権と右派が衝突し、結局右派が勝利して一九一九年七月共和制に移行した。第二次世界大戦勃発後の一九三九〜一九四〇年のソ連との最初の戦争で南東部のカレリアをソ連に割譲し、ドイツ側について一九四一年からソ連と再戦し敗れ、ペッアモをソ連に譲った。第二次世界大戦後はソ連との友好関係維持に努めながら[8]、非同盟中立政策を採り、一九九一年十二月のソ連消滅後は、ＥＵに加盟している。次に、対ソ関係を中心とする領土問題の歴史を詳しく見たい。

フィンランドは一九一七年十二月独立し、一九二〇年十月ソ連と講和条約を結び国境を画定した。これにより旧来の国土を確保した以外にソ連からペツアモ地方を得た。[9]一九二一年六月にはスウェーデンからホーランド諸島も手に入れている。[10]同年十月ソビエト・ロシア内のカレリア地方のカレリア人がソビエト政府に対して蜂起し赤軍に鎮圧されたが、フィンランドは以前から、フィン人と民族的に近いカレリア人が住むカレリア地帯全域の領有を主張していた。[11]だが一九二三年五月ソ連外相チチェーリンがカレリアはソ連領であると宣言したため、フィンランドはカレリアに対する願望を断念したという。[12]「対ソ関係は良好ではなかった。ソ連との不可侵協定は一九三二年に定められはしたが、むしろんそれは気休めに過ぎぬものであった[13]」という。

中立政策を採っていたフィンランドは第二次世界大戦勃発直後の一九三九年十月ソ連から、カレリアなどの領土交換、相互援助条約の締結、北のバレンツ海に面したペツアモ港の租借、ハンコ岬へのソ連軍駐留などの交渉を受けたが、フィンランドが拒否し、交渉が決裂したため、同年十一月ソ連は一九三二年一月締結の不可侵協定を破棄して開戦した。[14]

これは通常「冬戦争」と呼ばれる。途中でソ連の「戦争の目的は、レニングラード防衛のための戦略的優位の確保から、フィンランドの共産主義化に変わ[15]」ったが、フィンランドが抵抗したため、ソ連はその構想を放棄して、押しぎみに戦争を進め、一九四〇年三月、前年のソ連の要求とほぼ同じ内容を持つ講和条約を結んだ。戦争の結果、ソ連はカレリア地峡を始めとして「一九三九年秋にフィンランドに要求したものよりはるかに大なる領土を獲得することができた[16]」。後、ソ連の外相モロトフが「一九四〇年十一月、ヒトラーと会見し、日独伊三国枢軸加入問題について協議し[17]」、「領土面で代償が得られさえすれば、枢軸側に参加する用意を示していた[18]」と言われているのであるから、「防衛」を口実に領土拡大を図った、というのがこの戦争の真相であろう。

一九四一年六月の独ソ戦争勃発後、フィンランドは領土奪回のために独ソ戦争を利用しようとし、同月ドイツ・イタリアの枢軸国側に加入し、ドイツと共同作戦をとって通常「継続戦争」と呼ばれる戦争を開始し、一九四一年中に、前の「冬戦争」で失った領土を回復した[19]。だが一九四四年六月からソ連の反撃が始まり、同年九月に休戦条約が結ばれてソ連に降伏し、ペツアモのソ連への「返還」、ハンコ岬の代わりとしてポルッカラ岬のソ連海軍基地化、三億ドルの賠償などが決められた[20]。そして戦後の一九四七年二月のパリ平和条約で、正式にカレリア地峡とペツアモ地方をソ連に譲った[21]。

「第二次大戦によってフィンランドは約六億ドルの巨費をついやし、五万人ほどの死傷者を出し、ソ連に割譲・貸与した地帯から五〇万人くらいの避難民を迎えた上に、尨大な賠償を背負った[22]」という。ソ連は二回の対フィンランド戦争で勝利し、結局最初の思惑通りに領土を割譲させたのである。

ソ連という大国の影に脅かされ、二度戦って敗れ領土を譲渡させられたフィンランドは、「ソ連がさきの戦争で体験したフィンランド国民の抵抗を記憶していたのと、西側世論を顧慮したため、占領と衛星国化の運命をのがれることができた[23]」ものの、一九七〇年時点で「ソ連軍事力の影響下にあって、……外交ないし防衛問題では、ソ連の意思にいちじるしく反する行動は全然とれないし、ソ連が強く忌避する人物を政府に加えることもできない[24]」というのが実状であった。だがソ連の消滅後、ロシア連邦とフィンランドの関係も改善され、一九九二年一月友好を旨とする基本条約が締結された。

三、ポーランドとオーデル・ナイセ問題

次は大国に挟まれ、一八世紀と二〇世紀の二回、亡国の憂き目をみた東ヨーロッパのポーランドである。近現代史を見たい。

ポーランドは大国のロシア、プロシア、オーストリアに囲まれて苦しみ、一八世紀に三国により分割されて滅亡してしまったが、第一次世界大戦後、一九一八年十一月に独立した。一九三九年にドイツとソ連により分割されて再び滅亡してしまったが、第二次世界大戦後、新政府樹立後に社会主義化された。政府と自主労組「連帯」との対立を経て、一九八九年の政治改革で民主国家となった。[25] 次に対ソ関係を中心とする領土問題の歴史を見たい。

一八世紀にロシア、プロシア、オーストリアにより分割されたが、一九世紀に三回民衆は蜂起し、やがて独立運動指導者ピウスツキを代表とする民族運動が激化し、[26] 彼は第一次世界大戦後一九一八年十一月新政府を組織して初代大統領に就任した。外交は、社会主義者ではあったが強烈な民族派であったピウスツキの愛国的な理想主義で貫かれた。[27]

「東部国境は、ヴェルサイユ会議でカーゾン英外相の提案により、ブグ川を通る『カーゾン・ライン』を国境とすることに決定した。しかしバルチック海から黒海に至る大ポーランドを夢みるピウスツキー元帥は、革命後日の浅い赤軍が反革命軍鎮圧と列強の武力干渉に追われているのをみて領土的野心を起し[28]」、一九二〇年四月「かつてポーランド王権のもとにあった失地を回復しようとして、ウクライナに進出した。……その後ロシア側が反撃に出て、彼らを駆逐し[29]」逆に赤軍がポーランドの首都ワルシャワに達したが、ポーランドの労働者、農民の抵抗を受け、赤軍は敗走した。その結果ポーランドは一九二一年三月のソビエト・ロシアとのリガ条約により、「『カーゾン・ライン』以東のソ連領、白ロシアとウクライナに広大な領土を獲得したのである[30]」。

大統領ピウスツキは国の安全を西ヨーロッパの列強との同盟によって保障しようとして、一九二一年二月フランスと同盟を結び、ドイツとソビエト・ロシアに対する安全保障を確立した。次に一九三二年七月にソ連と、一九三四年一月にはドイツと不可侵条約を結ぶが、ヒトラーは大ドイツ帝国を拡大しようとして一九三九年九月ポーランド西部に侵入して第二次世界大戦を勃発させ、ソ連もポーランド東部に侵入したことにより、ポーランドはドイツとソ連によって分割されてしまった[31]。

ソ連占領地域では「一九三九－四一年に併合地域から約一五〇万のポーランド系住民がソ連辺境に追放され、その半数が悪条件のため、死亡した」[32]という。ソ連軍によるドイツ占領地域の解放を経て、一九四四年十二月ソ連が支持する「国民解放委員会」がルブリンで臨時政府を組織し、一九四五年一月ワルシャワに移動した。

第二次世界大戦終結直後の一九四五年八月、ソ連とポーランド間の協定で、カーゾン線が正式に国境となり、ポーランドは東方でリトアニア、白ロシア、ウクライナの領土を失い、その代わりに北部および西部の元ドイツ領を獲得したが、この元ドイツ領は、ポーランドから東部地方を獲得したソ連が、その代償として戦敗国のドイツから奪ってポーランドに与えたものなのである。その結果、ポーランドは戦前領土の一九・八パーセントを失った[33]。

ポーランドとドイツとの新国境をオーデル川とナイセ川に沿っているためオーデル・ナイセ線と言うのであるが、元ドイツ領では戦後農業や工業がかなり発展した結果、「オーデル・ナイセ以東の地は、ポーランドにとって経済的にかけがえのない存在となりつつある」[34]という。一九七〇年時点で「一部のポーランド国民の間では、この失われた東部地方への郷愁の念がかなり強い。もちろんされればといって東部地方についてソ連と交渉することは問題外である。ポーランドとしては、東部地方に対する権利を主張できない以上、西部地方を生命線として固守せざるを得ない事情にある[35]」と言えたのである。その国境線の承認を長い間拒み続けてきた西ドイツも、一九七〇年の東方条約で承認したので、ヨーロッパの国境は完全に安定した[36]。

社会主義化されたポーランドはソ連従属の政策を採っていたが、一九八九年六月の自由選挙で「連帯」系候補者が圧勝し、同年十二月国名をポーランド共和国とする憲法改正案が可決されるという政治改革で民主国家となり、元「連帯」代表のワレサが大統領に就任した。後一九九五年十二月旧共産党系のクワシニエフスキが大統領に就任したが、今日元ドイツ領のドイツ系住民とポーランド人との「経済格差」が今度は大きな問題となっているという[37]。

四、ルーマニアとベッサラビア問題

最後は、東ヨーロッパの、一九八九年十二月の革命で民主国家となったルーマニアである。近現代史を見たい。

一八六一年十二月、弱体化したオスマン＝トルコの宗主権下にモルダヴィアとワラキアからなる自治公国となり、一八七八年七月のベルリン会議で独立を認められたルーマニアは「大ルーマニア」を建設しようとしていたが、第一次世界大戦でその夢を実現させ、一九二〇年六月のトリアノン条約で旧オーストリア・ハンガリー領のトランシルバニア、ブコビナ、バナト、一九二〇年十月の連合国のパリ条約でロシア領のベッサラビア、一九一九年十一月のニューイ条約でブルガリア領の南ドブルジャをそれぞれ獲得した。国土は一挙に二倍になったという(38)。

第一次世界大戦後はイギリスやフランスに近い政策を採っていたが、一九三三年七月にソ連と不可侵条約を締結した。第二次世界大戦が近づくと「鉄衛団」と呼ばれるグループを中心とした、農民的ファシズム運動が台頭してきて、国王カコル二世の下でファシストが政権を握ったものの、東にソ連、西にドイツという二大勢力の圧迫を身近に感じるようになってきた。

一九三九年九月第二次世界大戦が勃発するとルーマニアは中立を宣言したが、一九四〇年六月、ソ連は前年締結の独ソ不可侵条約の「秘密付属議定書(39)」により、ベッサラビアとブコビナに関してルーマニアに最後通牒を突き付け、ドイツもまた圧力を加えたため、ルーマニアはベッサラビアと北部ブコビナを放棄してソ連に割譲した。[40] ルーマニアは他に同年八月ハンガリーに北部トランシルバニア、同年九月ブルガリアに南ドブルジャをそれぞれ割譲した。これによりルーマニアは国土面積の三分の一を喪失した、という。[41]

ルーマニアは同年十一月ソ連から領土を奪回するためにドイツ、イタリアの枢軸国側に加入し、一九四一年六月の独ソ戦争開始後一時ベッサラビアをソ連から奪い返したが、ソ連の反攻後一九四四年九月に休戦した。第二次世界大戦後、一九四七年二月パリの平和条約でベッサラビアと北部ブコビナは正式にソ連領となったが、[42] 一九九一年十二月のソ連消滅後、ベッサラビアは独立してモルドバ共和国となり、北部ブコビナは同じく独立したウクライナの一部となった。

ルーマニアは第二次世界大戦後独自の社会主義政策を採り、中ソ対立を利用して自主路線を貫いていたが、一九八九年十二月の革命で民主国家となった。[43] 次に、対ソ関係を中心とする領土問題の歴史を詳しく見たい。

一八一二年五月ロシアはブカレスト条約でドニエストル川南部のベッサラビアをオスマン＝トルコから譲り受けたが、その時住民の九割はルーマニア人だったという。[44]「先住者の持つ占有の権利」と呼べるものからすれば、ベッサラビアの領土権の主張はルーマニア人ができるはずである。ルーマニア人の、固有の土地だが、トルコの支配下にあった一八一二年にロシアがトルコから奪った、と言えるからである。

ロシアはベッサラビアを第一次世界大戦まで、途中一八五六〜一八七八年の二十年余りオスマン＝トルコ領に戻ったのを除いて、その支配下に置いていたが、その間にルーマニア人の、ベッサラビアの総人口に占める比率は減り、第一次世界大戦後「ルーマニアの手にもどった時には、……一六パーセントに落ちていた」[45]という。「大ルーマニア」を建設しようとしてベッサラビアを取ったとはいえ、そこの先住者はルーマニア人であるから第一次世界大戦後のルーマニアのベッサラビア領有化は正当である。だがそれを一九四〇年に、ソ連は一九三九年の「秘密付属議定書」というドイツとの密約を後ろ楯にして奪ったのである。[46]

一九四〇年「六月二三日にソ連はベッサラビアだけでなく、歴史上ロシア領だったことのないブコヴィナをも要求[47]」した、という。ブコビナについて「スターリンは全ウクライナ人の結集を切望するあまり、この地域も併合しなければならないと考えた[48]」と言われているが、ここにも、フィンランドに対するのと同様にソ連の、「防衛」の美名を借りた

「侵略」主義が顔を出しているのである。

ブコビナは「ナチ・ソ連協定には含まれていなかった」[49]ので、ドイツが反発し「交渉ののちウクライナ人居住地域である北部ブコヴィナだけをソ連に与える合意が成立した」[50]。そこで、ソ連は一九四〇年六月二十六日最後通牒をルーマニアに突き付け、ルーマニアは屈伏しベッサラビアと北ブコビナの両地域をソ連に割譲した[51]。

枢軸国側に立ったルーマニアは第二次世界大戦中一時ベッサラビアを奪い返し、ソ連のウクライナ共和国のオデッサまで進み、そこを占拠したが、結局ソ連に敗れた。

戦後の一九四七年二月のパリ平和条約で、正式にベッサラビアと北ブコビナはソ連領となり、前者はモルダビア共和国、後者はウクライナ共和国の一部となった[52]。その時北部トランシルバニアはルーマニアに返還されたが、南ドブルジャはブルガリア領として確定してしまった[53]。第二次世界大戦前にはベッサラビアのルーマニア人は総人口に占める人口比率が五六・二パーセントまで回復していたが[54]、第二次世界大戦後「ソ連は、ベッサラビアおよび北ブコヴィナのルーマニア人を中央アジアのカザフスタンへ移住させ、そのあとへロシア人を送りこんだ。……文字はラテン文字から、ロシア語と同じキリル文字に切りかえられた[55]」という。ソ連各地でしばしば行われた「強制移住」である。

その一例として、トルコ系の「タタール人は数百年前からクリミア半島に住みついていたが、スターリンは彼らが第二次大戦中にドイツ軍に協力したとして、民族ごと中央アジアへ追放してしまった(56)」という事実を挙げれば十分であろう。因みに、タタール人は一九八八年二月中央アジアのウズベク共和国で、クリミア半島への帰郷要求デモを行ったという(57)。また、今日、ウクライナのクリミア地区に住むクリミア・タタール人は独立宣言を出そうとしたロシア人と厳しく対立しているという(58)。

戦後、「旧ベッサラビアはルーマニア国民にとって悲願の『北方領土』であり、チャウシェスクもこれまで間接的に対ソ批判を行なってきた(59)」が、一九七六年「六月にはチャウシェスクは『ソ連とのあいだに領土問題はない』と述べ、多くの観測者を驚かせた。……モルダビア共和国を公式訪問して、領土要求の放棄を実証してみせた(60)」という。

一方、ソ連のモルダビア共和国では人口の六四パーセントを占めるモルダビア人（ベッサラビア人）民族運動が一九八九年から高まり(61)、一九九一年八月には独立宣言を出した。一九九一年十二月のソ連の消滅で、モルドバ共和国として完全に独立した。独立後、ルーマニアとの交流は拡大しているが、少数派のロシア人が今度は反発している(62)。

一九八九年十二月の革命でルーマニアのチャウシェスク政権が打倒されて、民主政権が樹立され、今度はルーマニア中央北部のトランシルバニアで少数派のハンガリー人の問題が起こったが、[63] ルーマニアは一九九六年九月、ハンガリーとの間で住民の地位と国境保全に関する条約に調印してハンガリーとの対立を解消した。

ルーマニアはさらに一九九七年五月には隣国のウクライナと仮調印し、北ブコビナと南ベッサラビアに関して、領土要求を放棄したという。[64]

このように、ルーマニアと近隣諸国との領土問題は徐々に解決されつつある、と言える。

五、おわりに

以上、ソ連と隣接していたヨーロッパ三国とソ連との間の、領土問題を中心とする歴史を見てきたが、そこで浮き彫りにされたのはソ連の「膨張主義理論」と、それによる三国人民の苦悩、と言える。三国とモルドバ共和国の前途に注目したい。

注

（1）スターリンは対ソ干渉戦争終了後の一九二〇年十月に「辺境地方をロシアから分離するという要求は、排除されなければならない」としている。（イ・ヴェ・スターリン〈全集刊行会訳〉『マルクス主義と民族問題』〈一九五三年　大月書店〉一六九頁）。

（2）「フィンランドの独立は分離権の行使による例外的問題である。……唯一の例外であるフィンランドの場合でさえ、分離権はプロレタリアートによる統合への期待のもとに与えられていた」と言われている（坂本是忠『中国辺境と少数民族問題』〈一九七〇年　アジア経済研究所〉一二頁）。

（3）ロバート・ウェッソン前掲邦訳一八九頁に「スターリン主義とヒトラー主義はたしかに質的な共通点をもっていた」とある。

（4）「一九三九年になって、対独抗戦の決意を固めたあとでさえ、西方諸国はソ連の協力を獲得するために真剣な努力を払おうとしなかった。したがって、ソ連がその安全保障のために、ナチと勝手な取引をしたとしても止むをえなかったともいえよう」（ロバート・ウェッソン前掲邦訳一八三頁）ということはあったが、「この条約には、ロシア人とドイツ人が東ヨーロッパにおける彼らの各勢力圏をどのようにみなしたかを記録する『秘密付属議定書』が付せられていた。バルト海諸国はロシアの手に落ち、ポーランドは彼ら双方の間で分割されることになっていた」（笹本駿二・加藤雅彦編『ドキュメント現代史10　東欧の動乱』〈一九七三年　平凡社〉二三二頁）と言われている。他に、ルーマニアのベッサラビアはソ連の勢力圏とみなす、という規定もあった（同右二三三頁）。

（5）尾上正男前掲書二六六頁に「『東部戦線』を形成するために、スターリンは、非常に苛酷な手段をとってきた。フィンランド戦争の経緯がそうであったたし、バルト三国の併合のごときは、国際法の原則からみても説明することができない処置であった。フィンランド戦争に際して、国際連盟から除名されたのはその証拠であった」とある。因みに、ソ連が国際連盟から除名されたのは一九三九年十二月十四日である。第二次世界大戦中にソ連に併合された国家の例として、アジアのモンゴル人民共和国（一九四四年当時）北西部に存在したタンヌ・トゥワ人民共和国がある。〔本書第三章参照。〕同共和国は大戦中の一九四四年十月、ソ連に併合された。

（6）ロバート・ウェッソン前掲邦訳二〇頁。

（7）若松利雄「覇権をねらうソビエトの世界戦略」（『人と日本』一九七七年八月号　行政通信社）。

（8）一九四八年「四月には、友好、協力、相互援助を内容とするソ・フィン協定が結ばれた」（角田文衛編『世界各国史6　北欧史』〈一九五五年　山川出版社〉三一〇頁）。

（9）百瀬宏『東・北欧外交史序説―ソ連＝フィンランド関係の研究―』（一九七〇年　福村出版）八三〜八四頁。

（10）百瀬宏『世界現代史28　北欧現代史』（一九八〇年　山川出版社）二〇九〜二一一頁。

（11）一九一八年一月成立のフィンランド革命政権（同年四月崩壊）とソビエト・ロシアとの交渉の時「領土問題では、歴史的にロシア帝国の領土でありながらもフィンランド人と同系統の民族が居住する東カレリア地方の帰属が論議のまととなり、詳細な検討が将来の課題として残されたのであった」（百瀬宏「１９１７〜１８年のフィンランド」〈『歴史学研究』一九七四年七月号　青木書店〉二五頁）という。

（12）角田文衛前掲書二五九頁。因みに、ソビエト・ロシア側のカレリアは一九二〇年、労働コミューンが成立し、一九四〇年三月カレロ・フィン共和国となり、一九五六年ソ連内のロシア共和国内の一自治共和国となったが、一九九一年十二月のソ連消滅後、ロシア連邦内の一共和国に昇格した。

(13) 角田文衛前掲書二六〇頁。因みに、不可侵協定については、外務省外交史料館記録『蘇聯邦、芬蘭間不侵略條約關係一件』の、「普通第二号」の石井在フィンランド三等書記官から芳沢外相宛電信の「蘇芬間不侵略條約調印ニ關スル件」(一九三二年一月二十三日)参照。

(14) ロバート・ウェッソン前掲邦訳一八～一九頁。

(15) 同右一八頁。

(16) 尾上正男前掲書七二頁。他に百瀬宏前掲書『世界現代史28 北欧現代史』二四八～二五四頁、同前掲書『東・北欧外交史序説―ソ連=フィンランド関係の研究―』二九六頁、林健太郎・堀米庸三編『世界の戦史10 第二次世界大戦』(一九六七年 人物往来社)一二三～一二六頁参照。

(17) ロバート・ウェッソン前掲邦訳一九頁。

(18) 同右一九〇頁。領土面で話し合いがつかず加入が実現しなかったという(同右一九～二一頁)。

(19) 百瀬宏前掲書『世界現代史28 北欧現代史』二六九～二七〇頁。

(20) 同右二八六頁。

(21) 角田文衛前掲書三〇九頁。他に百瀬宏前掲書『世界現代史28 北欧現代史』三一二頁参照。

(22) 角田文衛前掲書三〇八頁。

(23) ロバート・ウェッソン前掲邦訳二三頁。

(24) 同右五三頁。

(25) ポーランドの政治改革については、木戸蓊『激動の東欧史』(一九九〇年 中央公論新社)二〇二～二〇四頁参照。

(26) 加藤雅彦『東ヨーロッパ』(一九七〇年 日本放送出版協会)一三八～一三九頁。

(27) 同右一五五頁。
(28) 同右一三九頁。
(29) ロバート・ウェッソン前掲邦訳一四頁。
(30) 加藤雅彦前掲書一三九頁。また外務省外交史料館記録『蘇聯邦・波蘭間不侵略條約關係一件』の「公第二三号」の河合在ポーランド特命全権公使から内田外相宛電信の「『ソ』波間不侵略條約及調停手續ニ關スル協約譯報ノ件」に「一九二一年三月十八日ノ平和條約カ依然トシテ兩國ノ相互關係及義務ノ基礎タルヲ認メ……」（一九三三年二月一日）とある。因みに、平和条約とはリガ条約のことである。他に伊東孝之『世界現代史27　ポーランド現代史』（一九八八年　山川出版社）八七〜八八頁参照。
(31) 尾上正男は、ソ連の「ドイツと手を握ってのポーランド分割は、マルクス・レーニン主義の立場からは、どのように説明されるのであろうか。これにこたえることはできないのである」（前掲書一八頁）としている。
(32) 矢田俊隆編『世界各国史13　東欧史』（一九七七年　山川出版社）三五五〜三五六頁。他に伊東孝之前掲書一五九〜一六〇頁参照。
(33) 伊東孝之前掲書一七八〜一八〇頁。
(34) 加藤雅彦前掲書二五六頁。
(35) 同右二五七頁。
(36) 同右二五九頁に「我々日本人にとってあのわずかな北方領土ですら、その回復は国民的悲願である。それを思うとき、ブラント政権がオーデル・ナイセの不可侵を承認したことは現実を直視した大英断であるといえよう」とある。因みに、東方条約とは一九七〇年八月に調印されたソ連と西ドイツ間の条約と、同年十二月に調印されたポーランドと西ドイツ間の条約とをまとめて言う呼び名である。

(37)『統合』と『民族主義』が競合　欧州に渦巻く二つの波」(『朝日新聞』一九九一年二月十三日号)。

(38) 加藤雅彦前掲書八八頁。

(39) E・H・カー(富永幸生訳)『独ソ関係史』(一九七二年　サイマル出版会)一五六頁に「秘密付属議定書」の中でドイツとソ連は「ベッサラビアに関してはソビエト政府がその権益を確認し、ドイツ政府が『政治的干渉の意志のないこと』を確認した」とある。

(40) 笹本駿二・加藤雅彦前掲書二三三頁に「ベッサラビアに対するロシアの『関心』は、一九一七年のボルシェヴィキの政権掌握ののち、きわめて急速に復活した。一九二四年までにソ連政府は、すでにこの地域における住民投票を要請しており、また皇帝に所属していたものを回復するというロシアの主張は一九三四年まで続いた」とある。他に、木戸蓊『世界現代史24　バルカン現代史』(一九七七年　山川出版社)一八九～一九〇頁参照。

(41) 木戸蓊前掲書『世界現代史24　バルカン現代史』二九五～二九七頁、笹本駿二・加藤雅彦前掲書二三四頁。

(42) 尾上正男前掲書一一〇頁。

(43) ルーマニアの一九八九年革命については、木戸蓊前掲書『激動の東欧史』二一三～二一五頁参照。

(44) 加藤雅彦前掲書二六一頁。

(45) 同右二六一頁。

(46) ウェッソンは「ベッサラビアがルーマニアから再び奪取された。同地域はどうにもロシア領とはいえないにもかかわらず、ソ連政府は同地域の喪失を認めたことは決してなかったのである」

（前掲邦訳一七頁）としている。
(47) 木戸蓊前掲書『世界現代史24　バルカン現代史』二九六頁。
(48) ロバート・ウェッソン前掲邦訳一八頁。
(49) 同右一七〜一八頁。
(50) 木戸蓊前掲書『世界現代史24　バルカン現代史』二九六頁。
(51) 林健太郎・堀米庸三編前掲書一九三〜一九四頁。また、笹本駿二・加藤雅彦前掲書二三四頁に「ベッサラビアを併合したことについて、……それは何よりも、純粋なロシア膨張主義のいま一つの例であったように思われるし、またルーマニア人の大多数によって疑いもなくそのようにみなされた」とある。
(52) 矢田俊隆前掲書四五一頁。
(53) 同右四五一頁。
(54) 加藤雅彦前掲書二六一頁。
(55) 同右二六一〜二六二頁。
(56) 川本和孝「〝春〟を待つ知識人たち」（『経済往来』一九七七年六月号　経済往来社）八五頁。他に、Robert Conquest, *The Nation Killers—The Soviet Deportation of Nationalities*—(London 1970) pp. 141–163. 参照。
(57) 中井和夫「民族と宗教」（袴田茂樹編『もっと知りたいソ連』一九八八年　弘文堂）一八五頁。
(58) 「独立運動に揺れる少数民族　弾圧された経験持つクリミア・タタール人」（『朝日新聞』一九九二年六月十一日号）。
(59) 木戸蓊「地揺れする東欧は訴える」（『中央公論』一九七七年五月号　中央公論新社）二三〇頁。

(60) 同右二三〇頁。
(61) 「モルダビア語の公用語化」(『朝日新聞』一九八九年九月二日号)、「ソ連・モルドバ　強まる民族主義」(同右一九九一年三月三十日号)。
(62) 「独立の代償　旧ソ連諸国　モルドバ (上)・(下)」(同右一九九三年五月十一、十二日号)。
(63) 「独裁去り、民族対立が噴出　ルーマニア・トランシルバニアを見る」(同右一九九〇年四月二十七日号)、「ルーマニア民族主義　モルドバ統合へ揺れる」(同右一九九二年五月十二日号)。
(64) 「ルーマニアが領土要求放棄」(同右一九九七年五月五日号)。

第三章　ソ連とタンヌ・トゥワ

一、はじめに

中国辺境の少数民族は辛亥革命以後大別して三通りの歴史の流れの中を生きてきた。外モンゴルのモンゴル族の歩みは独立→自治→独立であり、これが第一である。内モンゴルのモンゴル族は自治→半独立→中国内での区域自治、新疆のウイグル・カザフ族とチベットのチベット族は半独立→区域自治であり、これが第二である。タンヌ・トゥワ族は独立→ソ連内での自治であり、これが第三である。結果を見れば、《独立》、《自治》、《独立から自治》となる。この相違は中ソの力関係という外的要因と民族自身の問題という内的要因との複雑な絡み合いによって生じたものである。第一次世界大戦前後に唱えられ始めた民族問題解決の理論――民族自決権の存在[1]にもかかわらず、民族自決を声高に表明したレーニンの指導を継承する新生のソ連は、旧ロシア帝国から一九一七年に分離独立したフィンランドを除いて他の少数民族地域のすべてを再統合したし、同じく民族自決権を一九四九年以前には認めていた中国共産党の治下においても民族主義者のカシモフや謝雪紅は人民共和国政府によって抹殺された。(2) 民族平等を掲げる中ソ両政府と国内の少数民族の意識との間には大きな溝があるといえる。本章ではモンゴル系少数民族タンヌ・トゥワ（以下トゥワと略す）の「独立」から「自治共和国」成立までの歴史を通して、一例としての《少数民族国家》を考察してみたい。

二、トゥワ「独立」史

まず、トゥワが一九二一年に独立してから一九三〇年代末期に国家を安定せしめるまでの歴史をソ連・外モンゴルとの関係を中心に述べてみたい。

タンヌ・トゥワは独立時まではウリヤンハイ（烏梁海）と呼ばれた、外モンゴル西北部に隣接して住む少数民族である。国土は一九四三年時で僅か一七万平方キロメートルで、人口は一九四三年頃で一〇万人、[3] 一九七三年でも二三万人[4]であった。現在は外モンゴル国内の西北部にも一万人余りが住んでいるが、彼らは一九三八年に反モンゴル人民共和国反乱を起こし、その結果彼らの自治が認められるようになったという。[5] 牧民・狩猟民であったトゥワ族は民族関係上モンゴル系といわれ、[6] ラマ教信仰の大量の存在が端的にそれを表わしている。独立時まではラマ・王公のような封建層が人民を支配していた。

清朝時代は藩部外蒙古の一部であったが、ロシアは一九世紀中葉から商人を尖兵として経済的進出を始めた。外蒙古が活仏を戴いて一九一一年十二月に独立すると、ロシアは辛亥革命以後中国の勢威がトゥワに及ばなくなったことに乗じて外モンゴルと切り離してトゥワを一九一四年に保護国化した。だが、ロシアの政策を侵略と見なしたトゥワ人民が一九一六年に反露暴動を起こしている。[7] 外モンゴルの地位を決定した一九一五年の露中蒙三国キャフタ会

トゥバ騎兵隊

メンヒェン＝ヘルフェン（田中克彦訳）『トゥバ紀行』（1996年岩波書店）276頁より転載

談でも、ロシアはトゥワに関して譲らず、中国側からの抗議も拒否してトゥワの分離化を完成した。

ロシアがトゥワの属領化をさらに一歩進めようとした時にロシア革命が起こり、民族自決権の存在から、《保護国》ではなく《独立国》とするという意図にソビエトは変化した。トゥワ人民の独立意識がロシア人の働きかけもあって高まり、一九一八年六月にトゥワ人民代表者会議がキジルで開かれ、トゥワ族の民族自決権が宣言され、ソビエト・ロシアとの友好・相互援助条約が締結された(8)。やがてトゥワはロシアの内戦に巻き込まれ、白衛軍占領の後、外モンゴルを当時占領していた中国の安福派の徐樹錚の軍閥軍が、トゥワを外モンゴルの一部と見なしていた故トゥワを支配するが、一九二〇年になるとソビエト・ロシアが世界革命と東洋の被抑圧民族解放の名の下に介入し、一九二一年にソビエト赤軍が全土を占領した。封建支配層が打倒されて同年八月十三日にソビエト・ロシアのシベリア委員会代表、コミンテルン極東書記局代表、モンゴル代表、国内各旗代表の参列の下に全トゥワ創設会議が開催され、トゥワ人民共和国の成立が宣言された(9)。

ここで《革命の主体》が問題となる。坂本是忠は「創設会議にシベリア委員会代表やコミンテルン代表が参加していることは、トヴァ革命がモンゴルの場合以上に他から与えられたものであることを示している」[10]として、《自発性》を否定している。アメリカ人タンも「ソビエトの占領の後、ウリヤンハイの旗の大会が……ソビエトの指導の下でウリヤンハイの独立を宣言し、ソビエト・ロシアは一九二一年九月九日にただちに承認した」[11]として、《一方的》と見ているし、蔣介石に至っては「ソ連軍はさらに唐努烏梁海を占領して〝土文独立国〟を作り、ソ連式の〝憲法〟を公布した」[12]として、《侵略》論を採っている。逆にトゥワ人のトカは「永い間外国の圧迫を受けていたトゥワ人民は国家の独立を望んでいた。この状況の下で一九二一年の独立トゥワ国家の創設は、具体的、歴史的条件の下での唯一の正しい決定であった」[13]と述べ、独立の《自主性》を強調している。同氏はまた「ロシア十月革命の後ソ連勤労者の影響と援助との下で、トゥア人民は一九二一年に、民族解放革命の旗を掲げ、トゥアから帝国主義者を駆逐し、野蛮的な封建制度を転覆した。かくて、トゥア人民革命共和国が設立された」[14]とも書き、独立はあくまでも《主体的》としている。西側研究者がトゥワの独立をソ連の一方的意図と見、トゥワ人側はソ連の援助があったもののトゥワ人自身の積極的行動としている。どちらが史実を述べているのか。《ある地域の独立革命は内部の人民の独立革命意識の高まりによって起こり、外部の力は副次的な役割しか果たさない》という近・現代世界史から導き出せる理論からすれば、ソビエト・ロシアの援助も確かにあったであろうが、六万トゥワ人[15]の大半が革命思想を持たねば人民共和国は成立しないのであるから、私はトゥワ人トカの論を採りたい。ただトゥワ人全員が《革命思想》を持っていたかというと必ずしもそうではなく、後述するが、一九二四年に旧支配層の反乱が起こっていることに示されるように旧支配層は革命思想に反対だったのである。また、革命後も一九二九年までは、「封建的貝子的要素の利益を反映していた右翼的支配の交代に至るまでの革命時代[16]」だったと言われている程《右派》層が根強かったのである。

ここまでの「独立」の経過を同時期に起こったモンゴル革命と比較してみたい。モンゴルでは一九一一年十二月に活仏・ボグド＝ゲゲンが帝位について独立宣言がなされたが、一九一五年の露中蒙三国協定で中国の抗議により自治に後退し、一九一九年には安福派の中国軍閥軍により自治も取り消される。その後一九二一年二月には白衛軍のウンゲルンが全土を占領した。モンゴル革命家達は人民党を結成しソビエト赤軍の援助を得て同年七月十一日革命政府を樹立するが、政体は活仏を元首とする立憲君主政体であった。政体に関してはモンゴルの首相ツェデンバルが一九六一年に、戦術だったと述べている。[17]

トゥワ革命と比較した場合、モンゴルでは前衛党――人民党が革命前の一九二一年三月に成立したが、トゥワでは人民革命党が革命後の一九二一年二月に成立したという差がある。しかもモンゴルにはスヘバートル、チョイバルサンという傑出した二人の革命指導者がいたが、トゥワの方はクルセジという人物が目立つ程度である。モンゴル革命は牧民主体の自発的運動であり、トゥワ革命も同様だが、ソビエトの影という点では後者の方が濃いといえる。

トゥワの革命後に戻りたい。一九二四年春に革命政権に反発した旧封建王公や旧官吏による反乱が起こったが、アメリカ人のフライタースによれば彼らは外モンゴルへの加入宣言をした、という[18]。当時外モンゴルはまだ立憲君主政体だったからである。トゥワの人民革命党内にも旧王公を中心にトゥワとモンゴルの合併派がいたというから[19]、《独立》を維持しようとするトゥワ指導部にとっては試練の時期だったわけである。反乱は夏にソビエト騎兵隊などにより鎮圧された[20]。

一方外モンゴル側にもトゥワを自国領と見なす考えがあったので[21]、苦慮したソ連はソ連・外モンゴル間で話し合った結果トゥワの領土の一部をモンゴルに与えるという、強引とも見える行動をとった。人口が少なく面積も狭いダルハト地方が外モンゴルに譲与されたのである[22]。その結果一九二五年七月にソ連・トゥワ友好条約が、一九二六年七月にはモンゴル・トゥワ友好条約がそれぞれ締結されたが、当時の日本国内ではソ連による、外モンゴルとトゥワの併合説が拡まっている。(23) 民族国家維持の最低条件――領土の不可侵を侵されたことについて、坂本是忠はダルハト地方にモンゴル系種族がいたから、としている。(24)だが、トゥワ国内には数種の少数民族がいたのだから、(25) 坂本是忠の論は割譲の理由にはなるまい。譲与はソ連とモンゴルの国家的利益《ナショナルインタレスト》の露出したもの、と見たい。

一九二六年九月トゥワ人民革命党第五回大会で一九二四年公布のモンゴル憲法と似た憲法が公布され、一九二九年の第八回党大会で党内から《右派》が一掃され、その後一九三〇年春の旧支配層の二度目の反乱も鎮圧されて、(26) 一九三〇年以後は非資本主義的発展を目指す進歩的政策が採られた。(27) また一九三〇年にはトゥワ新文字が制定され、文化の向上に大きな役割を果たした。

モンゴルで人民革命党が一九三〇年二月に、工業の未発達などの点から農牧業の集団化の要因が生じていないにもかかわらず、牧民の集団化の強行などの急進政策を決定すると、トゥワでも人民革命党が一九三二年二月にモンゴルに倣って急進政策を決定したが、両国共実情に合わず、モンゴルでは一九三二年六月に、トゥワでは一九三三年十月にそれぞれ是正されている。トゥワにおいて旧封建層の家畜の没収、農業機械化などを通して経済的基盤が強固になったのは、一九三〇年代後半である。[28]

一九四一年六月には新憲法が採択され「トゥワ人民共和国は帝国主義的・封建的圧迫を排除し、社会主義への国の非資本主義的発展の道を保障している勤労者（牧民、労働者、インテリゲンチャ）の独立国家である」[29]と規定したが、内容的に一九四〇年公布のモンゴルのそれと類似している。[30]

一九三〇年後半の進歩的諸政策で国家の基礎はすでに固まっており、社会主義の道を邁進するかに見えたが、第二次世界大戦という戦争が少数民族国家トゥワの運命を変えたのである。以下次項で具体的に述べてみたい。

三、トゥワ「併合」

一九三九年九月の第二次世界大戦の勃発から一九四一年六月の独ソ戦勃発までの間ソ連は戦争には参加しなかったものの、その経済体制は戦争体制に徐々に移行したので、その影響がトゥワと隣接するシベリア地方にも及んできた。戦争体制のシベリアへの波及は、ソ連とトゥワとの関係に微妙な変化を及ぼした。即ち一九三〇年代に入って西シベリアのクズネツ炭田一帯が強大な工業地として発展していたが、工業中心地の東方への移動に伴い一層の開発が図られ、金・石炭・石綿などを豊富に産出するトゥワと、[31]クズネツとの一体化を進めようという動きがソ連側から現われ、[32]《併合》の動きが芽生えてきたのである。

第二次世界大戦勃発後のトゥワ国内はどうか。独ソ戦勃発直前に早くもトゥワ人民革命党中央委員会と政府がトゥワをソ連邦に加入させてほしいという請願書を全ソ連邦共産党とソ連邦最高会議幹部会に送っている。[33]独ソ戦勃発後はトゥワの第一〇回大フラル（人民大会）で「トゥワ人民は革命党と政府を先頭にしてファシスト侵略者に対するソビエト人民の闘争に進んで参加し、最後の勝利を得るまでこれに一切の力と手段をささげ、自らの生命を惜しまない[34]」という声明が発表された。

以後「加入」の問題は一旦は消滅したものの、「トゥワとソ連両人民間の友情は強められ、親近感が生じた[35]」が、その裏付けとなったのは第一にトゥワによる自主的な義勇軍の提供だった。一九四二年からソ連のレニングラードなどに派遣されたトゥワ人から戦功を立てた多くの受勲者を出している。[36]トゥワはソ連と、戦時における軍隊の相互派遣を義務づけた軍事同盟条約を結んでいたわけではないし、独ソ戦勃発後の戦場がヨーロッパだったにもかかわらず、犠牲を強いられる派兵をしたのは、トゥワが《加入》請願をする程ソ連と密接な関係があったことと、国家の基礎が強固であったことが最大の要因であろう。モンゴルは日本の関東軍と対峙していたということもあり、義勇軍までは送っていない。[37] 裏付けとして第二にトゥワは軍需物資も大量にソ連に送っている。[38] ソ連に対する貢献は大きいといえる。

独ソ戦勃発前に加入を請願したものの、国家の発展・安定を見れば、トゥワが併合される理由は見あたらない。だが、一九四四年八月十六日第七回臨時小フラルが開かれると、人民革命党党首トカが政府と党を代表して、トゥワとソ連との密接な関係を明らかにしてソ連への加入の願望について報告し、翌日ソ連邦への加入請願が満場一致で採択された。[39] 請願書に「……強力なソビエト国家は太陽のようなソビエト憲法の下で最盛期の物質的・精神的な力を統一された社会主義の家庭の中で大小の民族に保障した。この家庭で生活し働く――すべてのトゥワ人民の心からの希望である。ソ連の道を除いて他の道はない……[40]」とあるように、加入することが、少数民族トゥワ人の最良の道であることが強調されている。

だが、ソ連邦内の他の少数民族は戦時下において《幸福に暮していた》のではなく、逆に「強制移住」という悲劇を味わわされていた。ソ連は第二次世界大戦中にボルガとカフカズの七つの少数民族をシベリア・中央アジアへ強制移住させたのである[41]。

ここで《請願》を少し考えたい。請願について、トゥワ人の意思を全く無視してソ連が一方的に筋書通りに行ったと見ることはできるだろうか。一九二〇年にソビエト・ロシアから分離独立したヨーロッパの沿バルト三国のエストニア・ラトビア・リトアニアは一九三九年十〜十一月にソ連軍に進駐され、一九四〇年七月には共産党以外の政党の活動が認められないまま、総選挙が行われ、後の国会で「ソビエト政権」樹立宣言がなされ、「ソ連への加入請願」が採択され同年八月にソ連邦に加入した[42]。ソ連の「筋書通り」の代表例である。トゥワに当てはめれば人民が共和国維持を望んでいたにもかかわらず、ソ連からの押し付けで加入請願書を出す破目になった、という見方であり、ダーリンがこれに近い[43]。だが、これはトゥワ人の強烈な独立意識を無視した論であり、無理な見方である。

トゥワはソビエト・ロシアの援助で独立・建国し、モンゴルと同様の経済的発展を経て、自立体制の整った、主体性のある民族であった。つまり私は請願もトゥワ人の意思が中心だったと見たいのである。共和国を消滅させることになる加入を他国の命令だけで申請する筈はない。友好関係を培ったトゥワ人民の自発的意思だったであろう。だが、加入は

《人口の多寡、面積の大小に関係なく、民族は自決権に基づいて独立し、その後は体制の如何を問わず国家を存続させることができる》という大原則を、トゥワ人が一九二一年以降忠実に守っていて一九四四年に破ってしまったことを意味するのである。当時の大国内の少数民族に自決の希望を与え、経済体制が遅れていても共和国は維持できる見本だったトゥワが《昔からの願望通りに》併合されてしまった。国家の基盤となるのは産業と人口であり、後者が弱点であるトゥワは先程の大原則を守り続けるのにかなり苦労したであろう。だが、だから加入した、と見るのは結果論であり、一九四四年の時点で《独立維持》という選択肢もあった筈である。

何故に自発的に加入請願をしたか。ここでその理由を考えてみたい。ソ連と密接に結びついていたからか。モンゴルも同時期に家畜援助などを通してソ連と親密だったが、モンゴルの公式歴史書などを読む限り《ソ連への加入》の言葉やそれに近いものでさえも一言も発していないのである。友好の深まりが加入の理由の一つにはなってもそれが全てということは、トゥワ史に関するソ連の公式歴史書がいくら強調しても、[44]あり得ない。ソ連の強力な働きかけか。坂本是忠が述べているように守勢から攻勢に転じたソ連の拡張政策の一環だったのか。[45]ソ連側の意図はそれが大部分であり、働きかけも強かったに違いない。

トゥワ側からそれに応じたという点もあろう。だが、それが主ではない。私は、トゥワ人を加入請願に走らせた主要因は《戦時下の異常精神》ではないか、と考えている。小国が大国に物資援助をし、義勇軍まで送ったという異常状況の中でトゥワ人は熱狂し、建国期の苦難の道やレーニンの民族自決主義を忘却した形で、ソ連の働きかけやそれとの密接な結びつきも考慮して《加入》を請願した、つまり戦争という国家間の特殊・異常状態の中での現象である、と見たい。私はダーリンのような《ソ連の一方的押し付けによる加入》論も採らないし、ソ連の公式歴史書のような《完全な自発的意思による必然的加入》論も採らない。なぜならば、前者はトゥワ人の意思を無視しているし、後者は二十三年間の独立維持の重みを無視しているからである。

一方モンゴルは大戦中、一九三六年三月に調印されたソ蒙相互援助議定書に基づいてソ連に家畜援助をし、末期には対日参戦もした。終戦直後に独立に関する人民投票が行われて「独立」が決定され、中国国民政府にも独立を認められた。《独立》という点でトゥワと好対照である。

次に請願採択後のトゥワの状況を見たい。一九四四年十月十一日ソ連邦最高会議幹部会は請願書を検討した結果それを受理し、同月十三日ロシア共和国最高会議幹部会はロシア共和国内の一自治州という形でトゥワ《吸収》の命令を下した。[46] ソ連の公式歴史書に「トゥワがソ連邦組織に加入することはトゥワ人の生活において大きな喜ばしい出来事であり、トゥワ勤労者すべての秘密の願望――兄弟のようなソ連人民と一緒に生活し働く――が実現したのである。トゥワ牧民はソビエト社会主義国家の公民と同等になった」[47]とあり、トゥワ人民の願望実現を述べている。そのうえ「この姿、トゥワ人民共和国の発展とソ連邦への自発的加入という歴史的体験は、努めて明るく共産党とソビエト政府のレーニン主義の民族政策が正しいことを確認し賢明に実現させたことになるのである」[48]と述べ、独立から併合までがすべて、正しいレーニン主義に副ったものだとしている。果たしてそうか。

レーニンはロシア革命前多民族国家ロシア帝国の実情を考慮し、「分離に至るまでの民族自決権」を最優先したが[49]、革命後分離を絶対視しないスターリン[50]に実権が移ると、辺境の少数民族の分離要求は排除された。逆にソ連は第二次世界大戦期になると、ヨーロッパ東部で対独防衛のための「東部戦線」確保に名を借りて領土拡張を行ったのである。分離独立から統合への変化はスターリン主義によると言い直した方が良い。つまりトゥワはレーニン主義に基づいて独立したが、スターリン主義に基づいて併合されてしまった、ということなのである。ウクライナや中央アジアなどはロシア帝国領であったからソビエト・ロシア領となっても《固有領土》という点で問題はない。だが、トゥワは近代以降ロシアの直接支配を受けたことは一日たりとしてなく、一九一四年から一九一七年までの三年間ロシアの保護国となっただけである。それを併合するのは、「併合」ではなく「自主的な加入」と考えていたトゥワ人の意思はともかく、ソ連の《新しい侵略》である。

ただ領土拡張策は、スターリンが実権掌握時から持っていたものではなく、一九三〇年代末期になってファシズム国家のドイツや日本の侵略主義が、国内も安定し資本主義諸国の反ソ政策もファシズムの恐怖の前に後退して行動に幅のできたソ連に過度の防衛意識を起こさせた、その結果出てきたものである、と私は見たい。西からはドイツの、東からは日本の両国による挾撃を最も恐れたソ連は一九三九年八月ドイツと不可侵条約を締結し、一九四一年四月には日本と中立条約を締結したが、同年六月ドイツに侵入され東では同年十二月に太平洋戦争が勃発し恐怖は次第に現実味を帯びてきた。ファシズムに対してソ英米などの国家間の統一戦線が結成されないうちに一九四二年にはヨーロッパではドイツ軍にスターリングラード付近にまで攻められアジア・太平洋方面では日本の占領地域が最も拡がった。ソ連は自国の安全保障の為ヨーロッパ東部でポーランド、フィンランド、沿バルト三国、ルーマニアの諸国に領土を割譲させたり併合したりし、アジアでは日本に対する防衛という形でモンゴルに自国への従属を強めさせトゥワを《加入》請願に基づいて吸収した、といえるのである。つまり私はトゥワ併合などは戦時下の特殊状況が生み出したものである、と見たいのであり、ロシアからの伝統政策による併合とは見ない。[51] 併合以後のトゥワは次項で見たい。

四、トゥワ「併合」以後

トゥワ併合時の国際関係はどうか。アメリカ・イギリスはソ連の対日参戦を熱望していた時期であり、知らされたとしても対象は内陸アジアの小国故反対はしなかったであろうが、トゥワ併合に関するソ連の新聞公表は一九四六年八月であり戦争中は両国共併合の事実を知らなかったようである。一方中国は日中戦争末期で国共の分裂が表面化しており、国共とも併合の事実を知らなかったらしい。溯れば中国はトゥワを外蒙古の一部と見なし一九一四年のロシアによる保護領化や一九二一年の共和国宣言に反対したが[52]、実効はなかったのである。

ソ連加入後のトゥワはどうなったか。合併後ソ連邦最高会議の選挙が行われ、トゥワでも有権者全員が投票し政府を信任したという[53]。人民革命党は全連邦共産党の一部となり書記長のトカは地方共産党の書記になった。青少年の革命教育に大きな貢献をし、人民革命党の最良の助手であった革命青年同盟はコムソモール（共産主義青年同盟）の一部となり[54]、党員・同盟員各々増加した。行政機構も改められ自治州としての地方組織も整っていった[55]。

隣国のモンゴルの戦後史を見たい。モンゴルは一九四六年一月に中国に承認された後同年二月にソ連と友好・相互援助条約と経済・文化協力協定を締結し、他の社会主義諸国との連帯も強めた[56]。一九六〇年七月には社会主義国家モンゴルの基本的な完成を謳った新憲法が採択され、また一九六一年十月には国連加盟が認められた。国際社会での正式承認であり、ソ連に次ぐ二番目の社会主義国家モンゴルが独立後四十年目にしてようやく獲得した地位である。国家は揺るぎないものとなったといえる。

一方ソ連においては同年十月の第二二回党大会で新綱領が採択されている。その中の「民族関係の分野における党の諸課題」には「各連邦共和国は、今後ソ連邦の兄弟的社会主義諸民族の大家庭の中においてのみ繁栄し、強大となることができるのである[57]」とある。

革命後も「分離に至るまでの民族自決」は一応認められていたのであるが、一九六一年の現綱領に至って消滅してしまった故問題の綱領といえる。以後は「民族融合」が強調されるのである。(58)

加入後のトゥワの歩みに戻りたい。加入後牧民の定住化が一層促進され農業・牧畜の集団化も図られ工業も成長し、一自治州として隣接地区と融合して社会主義建設が行われた。そして一九六一年十月にロシア共和国とソ連邦の最高会議幹部会令をもって「民族自決権」に基づいて、自治州から社会主義自治共和国に格上げされた。(59)人口僅か当時一七万人(60)という点で、トゥワは自治共和国に昇格できた極めて特殊な例である。だが、自治共和国はソ連邦憲法上で、問題を自主的に解決し独自の憲法を持つとなっている(61)ものの、諸民族統合がいわれている故権限は小さいようである。

自治共和国昇格後のトゥワは社会主義建設を一九五〇年代末期に終了させた後一九五九年から七カ年計画に入り、中央と一層結びついて産業を発展させている。(62)ソ連の公式歴史書の記述の結論は「ソビエト人民とソビエト同盟の共産主義党の指導者のすべての労働努力は一つの共同の流れ――国民国家を強化する方向に向かって結合している。この強力な流れの中で労働努力が、最も高く最も現世的な事柄――共産主義建設という事に関してトゥワ自治ソビエト社会主義共和国に寄与する度合いは年ごとに増加している」[63]となっている。ここには「トゥワ人」という言葉はなく、「ソビエト人」という言葉のみである。一九六一年の党新綱領で「ソビエト諸民族の融合」が謳われた直後の一九六四年に出版された公式歴史書故、ソビエト人を強調したのであろう。この書には最後に、トゥワ人が共産主義建設の意気に燃えてソ連の為に全力を挙げている姿が描かれている。[64]トゥワ人は独立国家の意義を忘れてしまったかのようである。だが、トゥワ現代史の中で実は独立期こそが最も輝かしい時期だったのではないだろうか。レーニンの民族自決主義により独立し、モンゴルとの一体化を要求する旧支配層の運動を抑え、モンゴルと同様の経済発展をし、第二次世界大戦中は大国ソ連に義勇軍を送る程に国家として成長していた。だが、非資本主義的発展から社会主義を目指そうとした小国トゥワは戦争により運命を変えられてしまったのである。ソ連の強度の防衛意識にトゥワの加入請願が重なり、一九四四年にあっさりソ連に加入した。

隣の兄弟国モンゴルは戦後中国に承認され一九六一年十月には国連にも加盟した。同年同月トゥワは「自治共和国」となったのだが、中身は非常に異なる。前者は独立国家として国際的な地位を得たということなのだが、後者は形式上の自治のみを得たということなのである。前者は大幅な進歩で、後者は独立時から比べれば退歩といえないだろうか。トゥワ人はソ連内での一層の発展を期した。一九六一年十月、ソ連の辺境重視の政策によって自治共和国となり、トゥワの指導者トカがモンゴルの首都ウランバートルを訪問し、逆にモンゴルの友好団がトゥワの首都キジルを訪問したという。(65) モンゴルとトゥワの友好関係の促進である。ソ連――トゥワ――モンゴルの友好の絆はトゥワのソ連加入後も強まりこそすれ弱まることは決してなかったといえるのである。

最近のトゥワの状況はどうなのか。ソ連の公式歴史書は一九六四年発行で、以後はわからないし、諸研究者の著作も併合までの記述が多い。戦間期も《謎の国》であったが、戦後はより《遠い地域》になってしまったようである。ソ連内の共和国や自治共和国の現状は《Правда》などから知られる程度で、わからない点が多いのである。ソ連が共産党綱領で「連邦共和国間の国境の稀薄化」を唱え、(66) ロシア人の非ロシア人地域への移動によって彼らの影響力を強めようとしている今日、タンヌ・トゥワ自治共和国も決して例外ではあり得まい。

五、おわりに

トゥワは《自発的》に独立し、《全人民の意思》でソ連に加入したことは確かである。ソビエト人になりつつあるトゥワ人は、封建階級に搾取され文字も持たなかった独立前の暗い過去を教訓として振り返り、共和国期をソ連加入への準備段階と捉え、加入後は「全人民平等[67]」のソ連の中で、前を見つめて共産主義社会の建設に励んでいるであろう。他の共和国が独立後四〜五年でソ連邦に加入したように[68]、トゥワ人民共和国の二十三年間もトゥワ人は単なる過渡期間と見るかもしれない。「独立」も「加入」もトゥワ人民の意思故否定的に見る必要はないが、近現代の少数民族の歩みの中にトゥワを置いた場合、民族自決権という点からいって独立維持の方が良かったのではないかというのが私の一番言いたい所なのである。

現代、世界で分離運動の存在する地域は多い[69]が、世界の民族が自立して国家体制を維持できるのならば独立した方が良いし、その場合民族の人口はあまり関係がない、ということを強調して本章のまとめとしたい。

注

（1）レーニンはロシア革命前の一九一六年に「勝利をえた社会主義は、……被抑圧民族の自決権、すなわち自由な政治的分離の権利をも実現しなければならない」（ヴェ・イ・レーニン〈川内唯彦訳〉『帝国主義と民族・植民地問題』一九五四年　大月書店　一三頁）と述べたし、また一九三一年十一月中国江西省瑞金に成立したところの中華ソビエト共和国の憲法でも「中華ソヴェート政権は中国境内少数民族の自決権を承認する」（V. A. Yakhontoff, *The Chinese Soviets* 〈N.Y. 1934 邦訳竹内孫一郎『中国ソヴェート』一九四一年　東亜研究所　二一五頁〉）と謳われた。またアメリカ大統領ウィルソンは第一次世界大戦終了後民族自決権を主張したが、それは「ヨーロッパの諸民族に対しては一応の適用を見るとしても、植民地支配を崩壊に導く可能性のあるアジア・アフリカの民族運動には適用されないのであった」（斉藤孝『戦間期国際政治史』一九七八年　岩波書店二一頁）という。

（2）中国国民政府下の高度の自治を求めたウズベク族の、東トルキスタン民族主義の「輝ける星」カシモフは一九四九年九月、中国共産党の陰謀ともいわれる飛行機事故で死亡した（毛里和子「新中国成立前夜の少数民族問題―内蒙古・新疆の場合―」『講座中国近現代史7』一九七八年東京大学出版会　二一八〜二二〇頁）し、「台湾の星」謝雪紅は中華人民共和国に頼って高度自治の獲得を目指したが、一九五八年台湾地方民族主義者の罪名で粛清された（林景明『知られざる台湾』一九七〇年　三省堂　九五頁）という。

（3）金田常三郎「タンヌ・トウワの植民史と現實」（『蒙古』一九四四年二月号　善隣協会）三七頁。

（4）坂本是忠『辺疆をめぐる中ソ関係史』（一九七四年　アジア経済研究所）五一頁。

（5）坂本是忠『モンゴルの政治と経済』（一九六九年　アジア経済研究所）一三〜一五頁。

（6）富士辰馬『ソ聯支配下ノ蒙《ママ》古民族』（一九四〇年　東亜研究所）にタンヌ・トゥワ族は「人種学上はトルコ族であるが、民族関係上ではむしろ蒙古族と運命を共にしているものと観ることが出来るのである」（二九六頁）とある。

（7）同右に「トゥワ国民は露国の侵略政策を快せず、一九一六年にはロシヤ人植民者に対して暴動を起し、これが報復手段として露国政府は軍隊の力を用いた」（二九七頁）とある。

（8）C. K. Тока, История Тувы II (Москва 1964) стр. 31. なお本書を本文で「ソ連の公式歴史書」として引用してある。

（9）Там же, стр. 79.

（10）坂本是忠前掲書『辺疆をめぐる中ソ関係史』五四頁。

（11）P. S. H. Tang, *Russian And Soviet Policy in Manchuria And Outer Mongolia 1911–1931* (Duke Univ. 1959) p. 416.

（12）蔣介石『蘇俄在中国』（一九五六年　台北　邦訳寺島正『中国のなかのソ連』一九六二年　時事通信社　九三頁）。

（13）C. K. Тока, указ., стр. 86.

（14）トカ「トウアの青年同盟」（《Комсомодьская Правда》. 17. V. 1939 邦訳秋山『蒙古』一九三九年十一月号）六二頁。

（15）金田常三郎前掲論文三七頁。厳密には一九二一年当時のトゥワ人は五万五千人である。

（16）「トゥヴァ人民共和国の文化建設」(Культурное строиедьство Тувинской Аратской Республики, Революционный Восток, декабрь 1932『蒙古』一九三九年九月号）一二九頁。なお「貝子《ペイス》」とは王公の位階の一種で、外蒙古にも存在した。

（17）ツェデンバルは一九六一年に、一九二一年当時「権力は実際には、人民の革命的、民主主義的独裁の機能を実現していた人民国家の手中にあった」（ユムジャーギィン・ツェデンバル〈新井進之訳〉『社会主義モンゴル発展の歴史』一九七八年　恒文社　二一七頁）と述べている。

（18）G. M. Friters, *Outer Mongolia and its international position* (London 1949) pp. 130–131.

（19）D. J. Dallin, *Soviet Russia and the Far East*（Yale Univ. 1948 邦訳直井武夫『ソ連と極東・上巻』法政大学出版局　一九五〇年　一二一頁）。

（20）同右一一九頁。

（21）外務省記録『外蒙唐努烏梁海（タンヌ・ツゥワ）独立並政情関係雑纂』の「公第三九号」の在ノヴォシビルスク領事島田滋から外務大臣幣原喜重郎宛書簡の「『ソヴイエト』聯邦対烏梁海外交関係ニ関シ報告ノ件」に「烏梁海政府ノ独立運動ハ烏梁海ヲ以テ自国ノ一省ト認メ居レル蒙古政府トノ間ニ衝突ヲ来シタルカ烏梁海政府ハ公文ヲ以テ蒙古政府ニ対シ『……烏梁海国民ハ……自己ノ独立制度ヲ樹立セリ是我国民真ノ意思ナリ』ト通知セリ」（一九二六年）とある。

（22）G. M. Friters, *op. cit*., p. 131. 因みに同上によれば面積は一万六〇〇〇平方キロメートルだという(p. 131)。

（23）外務省記録前掲『外蒙唐努烏梁海（タンヌ・ツゥワ）独立並政情関係雑纂』の「支第三八一号」の支那《ママ》公使館付武官から参謀次長への電報に一九二六年六月「三日莫斯科鄭代理大使ヨリ外交部ヘノ来電報ニ依レハ唐努烏梁海ハ『ソビエット』露国代表ノ教唆ヲ受ケ本月三日『ソビエット』社会主義聯邦ニ加入スルコトヲ宣言セリ如何ニ処置スヘキヤ云々」とある。また同『満蒙政況関係雑纂外蒙古関係第二巻』の『満洲新聞』一九三〇年十月二十一日号の「全然労農化した外蒙の近情呼倫貝爾との聯盟を期待　医師ウォルフ氏の談」に「外蒙古の政治組織は完全にソウエート制度化し、……政治、経済、財政、教育、軍事の総ては全然ソ・ウ・エ・ー・ト・の・一・聯・邦としての機能を発揮している」とある。

（24） 坂本是忠前掲書『辺疆をめぐる中ソ関係史』五七～五八頁。

（25） 金田常三郎前掲論文三八頁。

（26） P. S. H. Tang, *op. cit.*, p.422.

（27） 同右に一九三〇年七月に「党中央委員会は搾取者層の財産没収、農民の集団化を無条件に自発的な基礎の下で行なうこと、帝国主義諸国からの完全な独立のために戦うこと、世界の被抑圧階級や労働者階級と密接に協力することなどを決議した」（pp. 422–423）とある。また前掲邦訳「トゥヴァ人民共和国の文化建設」に「トゥヴァ人民、アラート共和国の新たなる発展段階を認証し且つ形成したアラート革命党第八回大会は、同国の非資本主義的発展の線に沿ふて確固不動の指令を発し、もって、非資本主義的原理に立てる国内改造の屈強な武器として、文化建設の問題を決定的に厳粛に提起したのである」（一三〇頁）とある。因みに「アラート」とは牧民のことである。

（28） Большая Советская Энциклопедия (Москва 1947) に「一九三〇年に牧民一人当たりの家畜頭数は四二頭だったが、一九三七年には七三頭になった」(стр. 113) とあり、また農業では「一九三一年には播種面積は一九七〇〇ヘクタールとなり、一九四三年には五四四〇〇ヘクタールとなった」(стр. 114) とある。

（29） С. К. Тока, указ., стр. 168–169.

（30） МАХН-ын төв хороо, Монгол ардын хувьсгалт намын товч түүх（Улаанбаатар 1967 邦訳木村肥佐生『モンゴル人民革命党略史』一九七二年　外務省アジア局中国課）に一九四〇年の「憲法には

『モンゴル人民共和国は、帝国主義と封建主義の圧迫を排除し、社会主義へ前進移行するため、国家を非資本主義路線によって国家の発展を期する全勤労者大衆（牧民、労働者、知識人）による独立国家である』と規定されている」（一三二頁）とある。

(31)　たとえば前掲 Большая Советская Энциклопедия に「石綿の貯蔵量は一六〇万トンと計算されている」(стр. 113) とある。

(32)　D・J・ダーリン前掲邦訳上巻一二二〜一二三頁。

(33)　С. К. Тока, указ., стр. 234.

(34)　Там же., стр. 198.

(35)　Там же., стр. 234.

(36)　Там же., стр. 216–224.

(37)　W. Ballis, *Soviet Russia's Asiatic Frontier Technique; Tana Tuva* (*Pacific Affairs*, vol XIV No. 1 March 1941 邦訳高橋「ソ聯邦の辺境政策―タンヌ・トゥワ共和国について―」『蒙古』一九四一年五月号）に「現代のロシヤ人が蒙古とタンヌトゥワをソヴェートの衛星国に転化せしめた成功は新政体に対する青年男女の支持を獲得し、彼らをしてその国家統治に益々責任をもたせるといふ甚だ実際的な政策によるものである」（一〇七頁）とある。またソ連の公式歴史書によれば、「トゥワ人民共和国からソ連邦への輸出は一九四〇年と比べて一九四三年は三倍に増加した」(С. К. Тока, указ., стр. 209–210) という。

(38)　金田常三郎前掲論文に「トカは一九四三年三月ソ聯赤軍将兵に対する慰問と称し、貨物列車（百二十輌連結）に肉百八十七噸……を満載して……モスクワを訪問し……」（四三頁）とある。他に С. К. Тока, указ., стр. 210–215 を参照のこと。

(39) C. K. Тока, там же., стр. 235.
(40) Там же., стр. 235.
(41) Robert. Conquest, *op, cit.*
(42) 尾上正男前掲書二二～四六頁。В. Пихамин, Современные Международные Отношения н Внелняя Политика Советского Союва (Москва 1972). стр. 57–58.
(43) D・J・ダーリン前掲邦訳上巻二二五～二二六頁。
(44) C. K. Тока, указ., стр. 234–237.
(45) 坂本是忠前掲書『辺疆をめぐる中ソ関係史』一〇三頁。
(46) 同右一〇三頁。
(47) C. K. Тока, указ., стр. 236.
(48) Там же., стр. 237.
(49) レーニンはロシア革命前の一九〇三年に、階級「闘争の利益に、民族自決の要求を従属させなければならない」（ヴェ・イ・レーニン〈川内唯彦訳〉『民族自決権について』一九五三年　大月書店　一六頁）と述べているが、また一九一三年に「われわれは、民族主義者として、……民族自決の自由（……）、すなわち分離の自由を要求する」（同右二九頁）として「分離権」を絶対視していた。
(50) スターリンは革命前の一九〇四年に「科学は……『民族精神』などは存在しないし、存在するはずがないことを、ずっと以前に証明した」（イ・ヴェ・スターリン前掲邦訳　三二頁）と述べ、革命後の一九二〇年には「辺境地方をロシアから分離するという要求は、排除されなければならない」（同右一六九頁）として「分離権」を実質的に否定していた。

(51) たとえば中西治は「ソ連は自国の安全保障の確保を第一義としながら、マルクス・レーニン主義にのっとって外交を展開しているが、この安全保障の確保に危機を感じたとき、マルクス・レーニン主義の思想に反するような行動がとられているといえる。独ソ不可侵条約の締結、フィンランド戦争、……などがそれである。そして、このような危機的な時期に旧ロシアの膨張主義的・大国主義的傾向が表面化し、強まっているように思われる」（『ソ連政治の構造と動態』一九七五年　南窓社　二七八頁）と述べ、ソ連の外交政策をロシアからの伝統政策と見ている。

(52) 坂本是忠前掲書『辺疆をめぐる中ソ関係史』一〇五頁。札奇斯欽『蒙古之今昔（二）』（一九五五年　台北　中華文化出版事業委員会）九五～九六頁。

(53) D・J・ダーリン前掲邦訳上巻一二四頁。

(54) トゥワ革命青年同盟に関してはトカ前掲邦訳「トウアの青年同盟」と同「トウワ革命青年同盟の十五年」（《Комсомольская Правда》22. XII. 1940 邦訳井伊栄『蒙古』一九四一年四月号）に詳しい。

(55) С. К. Тока, указ., стр. 244–248.

(56) 前掲邦訳『モンゴル人民革命党略史』一五九頁。Б. Ширөндөв, Бгд Наирамдах Монгол Ард Улсын Түүх III (Улаанбаатар 1969) 513–514-р тал.

(57) 「ソビエト連邦共産党綱領」（『月刊共産圏問題』一九六一年十月号・第五巻第六号　欧ア協会）六五頁。

(58) 同右に「各種民族のソビエト人には、新しい型の社会関係によって生み出され、ソ連邦諸民族のよい伝統を体現した共通の精神的風格が出来た」（六三頁）とある。

(59) С. К. Тока, указ., стр. 438.

(60) R. A. Rupen, *Mongols of the Twentieth Century I* (Indiana Univ. 1964) p. 466.

(61) 一九七七年十月採択のソ連邦新憲法に「第八二条……自治共和国はソ連邦および連邦構成共和国の権限に枠外においてその権限に属する問題を自主的に解決する……」(「ソビエト社会主義共和国連邦憲法〈基本法〉」『月刊新世界ノート』一九七八年一月号・通巻第一五九号 駿台社 一一五頁)などとある。

(62) С. К. Тока, указ., стр. 438–445.

(63) Там же., стр. 447.

(64) Там же., стр. 446–447.

(65) R. A. Rupen, *op, cit.*, p. 336.

(66) 前掲「ソビエト連邦共産党綱領」に「ソ連邦領内の連邦共和国間の国境は、ますます従来の意義を失いつゝある」(六三頁)と謳われている。

(67) ソ連邦新憲法に「第三六条 さまざまな人種と民族のソ連邦市民は平等の権利を持つ……」(前掲「ソビエト社会主義共和国連邦憲法〈基本法〉」一一〇頁)とある。

(68) 菊井礼次は「旧帝政ロシア領内に成立した一連の民族ソヴェト共和国が、一九一八年から二二年にかけてソヴェト・ロシアとの間に緊密な同盟関係を発展させながら、単一のソヴェト連邦へと結合していった」(『社会主義国際関係論序説』一九七一年 法律文化社 一八九頁)と述べている。

(69) 木戸蓊は「国家内部の統合と分離の問題は、……ことに第三世界においては、アフリカの民族・部族間対立、東南アジアの華僑問題など、その錯綜した問題点は枚挙にいとまがない」(「ルーマニアにおける少数民族問題」『共産主義と国際政治』第三巻第三号・通巻第一〇号 一九七八年 日本国際問題研究所 五頁)と述べている。

第四章　ソ連とモンゴル革命

一、はじめに

モンゴルは、一九二一年七月ロシア白軍の残党ウンゲルン[1]を国外に追放して人民政府を樹立し、一九二四年十一月人民共和国宣言をして以後国土建設を進め、ソ連が支援する世界で二番目の社会主義国家になった。そのモンゴルで、一九八九年十二月に民主化運動が起こり、一九九〇年七月に複数政党制による初めての総選挙が行われた。一九九一年一月には社会主義体制を修正する動きが出て、一九九二年一月制定の新憲法で完全に社会主義体制を放棄し、議会制民主主義国家になり、国名もモンゴル国とした。今日、民主化政策が日米などの経済援助もあり、積極的に行われている。

二〇世紀初頭、清朝からの賦役やモンゴルの封建領主層による搾取で窮乏化していた牧

ジャムツァラーノ

田中克彦『草原の革命家たち　増補改訂版』(1990年　中央公論新社) 179頁より転載

民は、今日比較的安定した生活を送っている。スヘバートル、チョイバルサン[2]などの指導者の下でモンゴル人民義勇軍がソビエト赤軍と共に戦い、ウンゲルン一派を国境線の外へ追い出した故、人民主権の独立国家を作ることができたのであり、民主主義国家を建設し、今日に至っている。

モンゴル革命期においては、革命政党であるモンゴル人民党[3]幹部であるスヘバートル、チョイバルサン以外にも多数の民族主義者がモンゴル解放のために立ち上がった。マクサルジャブとジャムツァラーノがその代表である。ところで、モンゴル人民政府の成立後、マクサルジャブは、陸軍大臣に任命されるなど人民政府内で高い地位にいて、一九二七〜一九二八年頃に死亡した時[4]には当時モンゴル人民革命党中央委員会幹部だったチョイバルサンに追悼文を読まれる程だったのに対し、ブリヤート・モンゴル人[5]のジャムツァラーノは一九三七年八月、ソ連で大量の粛清が行われていた時に、レニングラードで逮捕され、一九四〇年にソ連西北部の白海の強制収容所で死亡したという[6]。マクサルジャブとジャムツァラーノの最期は非常に対照的である。

モンゴル革命時、同様に活躍したが、革命後マクサルジャプは死を悼まれ、ジャムツァラーノは強制収容所で死亡した。本章では、マクサルジャプについては田中克彦の『草原と革命』、ジャムツァラーノについては同氏の『草原の革命家たち』、モンゴル革命については小貫雅男の『モンゴル現代史』に主に拠りながら、革命指導者であるマクサルジャプとジャムツァラーノについて若干考察し、読者の参考に供したいと思う。(7)

二、マクサルジャプ

田中克彦によれば、「ハタン・バートル（毅き英雄）という称号を冠せられ、明らかに広汎な人民から強い敬慕の念を寄せられていた」(8)というマクサルジャプは一八七八〜一八七九年頃、モンゴル西部の貧しい家庭に生まれ、運送人夫などをしたという。小貴族の出だが、農業を行ったという説もある。(9)マクサルジャプは、辛亥革命を契機に、モンゴル・ラマ教の最高指導者である活仏(10)が独立宣言をした一九一一年の、翌年八月に軍人として、モンゴル西部のコブドで漢軍と戦って勝利し、名を上げた。

だが彼はここで、モンゴル人使者が漢人に虐殺された報復として、捕虜にした漢人を殺して心臓を摘出したという[11]。その行為は、一三世紀、アジア大陸の征服途上で残酷な殺戮を繰り返したチンギス＝ハンと同様であり、野蛮であると言える。

マクサルジャプは、次に一九一九年中国軍閥軍の徐樹錚によるクーロン占領[12]によって自治が取り消された時漢軍に監禁されたが、失脚した徐に代わってクーロンを支配した陳毅[13]を、一九二一年二月に破って新たにクーロンを占領したウンゲルンにより、釈放される。ここで、彼はクーロンに樹立された活仏の自治政府で、国防大臣に任命された。活仏の自治政府は、この時はウンゲルンの傀儡政府だった[14]のであるから、マクサルジャプの行動は問題であろう。

だがマクサルジャプのモンゴル革命期の働きは、確かに目覚ましいと言える。彼が一九二一年七月、モンゴル西部でウンゲルンの有力部下のワンダノフ軍を潰滅させたことにより、脅威が除かれた人民義勇軍は勝利への道を前進することができた。マクサルジャプは、西部のウリヤスタイ地方の統治者チュルテム＝ベイセ[15]がワンダノフに虐殺されてしまったことを知り、民族意識の高まりからロシア白軍を攻撃したのである[16]。この結果モンゴル革命は成功して、同年七月に人民党を中心とする、活仏を戴くモンゴル人民政府がクーロンに成立した。

マクサルジャプはモンゴル革命後、一九二四年十一月に陸軍大臣に任命された以外は表だった活動をあまり行わなかったようである。彼が粛清を免れたのは、チョイバルサンによる大量の粛清がまだ行われていない時期の一九二七～一九二八年頃に死亡した故であると思われる。

一九二七～一九二八年の時は、右派が主に追放されソ連で粛清されたが、一九三七～一九三九年の時は、日本の軍部の脅威が東から迫っていたとはいえ、独裁者となったチョイバルサンによって、誠実な党員までが日本のスパイとされて、ソ連に送られ粛清されている。マクサルジャプはロソルなど革命期の功労者でさえも反革命者として処罰された暗黒の時代の、十年以上前に死亡した故、功績のみを称えられたと言える。

三、ジャムツァラーノ

田中克彦によれば「モンゴル族の歴史と文化の研究に多少でも手を染めたことのあるものならば、誰しも、あの厖大な学識を一点に凝集させた、簡潔で精緻な不滅の名著『一七世紀のモンゴル年代記』の感銘を忘れることはないであろう」[17]というジャムツァラーノは、一八八〇年頃、ロシア帝国のブリヤート地方に生まれた。[18]彼は少年の頃から、ブリヤート文学に対する愛着を感じていた。ジャムツァラーノはシベリアのチタの学校からロシア帝国の首都のペテルブルクに行き、またイルクーツクに戻って師範学校で学んで、一九〇二年ペテルブルク大学の聴講生になり、一九〇七年には同大学のモンゴル語講師になって、ブリヤート文学を調査した。だがモンゴル革命の歩みは、研究者であったジャムツァラーノの人生を大きく変えたのである。

ジャムツァラーノはすでに、一九〇九年からロシア政府が当時清領のハルビンで発行していた『モンゴル新聞』という啓蒙宣伝の新聞に執筆し、次に一九一三年からクーロンで発行された『新しい鏡』という、民族独立を謳い、封建制度を批判する新聞の編集にも携わっていた。[19] 彼は、この頃ペテルブルクからクーロンに戻っていたのである。

またジャムツァラーノは一九一八年にクーロンからイルクーツクに去った時、日本とセミョーノフ[20]との合作で成立させることが計画されていた「大モンゴル国[21]」の、総理大臣か外務大臣の席を約束されたが、関心がなかったという。ウンゲルンの傀儡政府である活仏政府の、国防大臣になったマクサルジャプとは、対照的である。ジャムツァラーノは新聞編集などの進歩的活動をしていた故、「モンゴルの文化問題にもよく通じ世界の情勢についても視野の広い、インテリが必要であった[22]」、スヘバートルやチョイバルサンを中心とする革命グループから、一九二〇年イルクーツク大学教授在職中に誘われた時、進んでグループに入ったのである。

革命グループに入ったジャムツァラーノは、イルクーツクにあって、中国や日本の革命組織の指導と連絡にあたるコミンテルンの極東書記局の、モンゴル・チベット部で実務として指導者の養成コースを担当し、またクーロンとの連絡役になって、グループの中心になった。

ジャムツァラーノは次第にロシア化されていくブリヤート地方を、外モンゴルに加えて、全モンゴルを統一することを夢見て活動し、一九二一年三月、モンゴル人民党成立大会の副議長になった。同年七月、人民政府が成立したが、ブリヤート地方の方は一九二三年五月、ソ連領内に組み込まれた故、彼の全モンゴル統一という悲願は実現しなかった(23)。因みに、今日ブリヤート・モンゴル人はモンゴル国への帰属替え要求をしているという(24)。

革命後、ジャムツァラーノは研究者に戻って、モンゴル民族の古写本の蒐集と整理を指導するなどの文化活動を盛んに行った。だがジャムツァラーノは、モンゴル革命前後から一貫して「ナロードニキ・空想的社会主義者・民族主義者・仏教徒としての思想を渾然一体としていた(25)」ことから、人民政府から右派の代表と見られ、一九二八年十月第七回人民革命党大会で、党から追放された(26)。

一九三二年、ジャムツァラーノはウランバートルからソ連のレニングラードに強制連行され、研究活動を続けるが、一九三六年、彼が執筆した『一七世紀のモンゴル年代記』がソ連で出版され、翌年の一九三七年八月彼は逮捕され、姿を消した。そして、一九四〇年頃、白海の強制収容所で死亡したという。刑死か獄死かは、不明である。

四、おわりに

モンゴル革命の詳しい内容にまでは言及できずに、革命指導者のマクサルジャプとジャムツァラーノについての研究動向に近い内容になったが、二人の対照的な一生は、ある程度明らかになったと思う。モンゴル革命において、マクサルジャプは軍事面で貢献し、一方ジャムツァラーノは指導面で貢献した。二人の、革命に対する貢献度に差はないのであるが、最期は非常に対照的である。これに関し、ジャムツァラーノがブリヤート・モンゴル人という、モンゴル族内の少数民族出身であったことが一因とも考えられる。

今後も、モンゴル革命について、考察を続けていきたい。

注

（1）前掲事典『アジア歴史事典』の「ウンゲルン」の項によれば、帝政ロシアの将軍であり、ロシア革命以後バイカル湖東岸で反革命軍に参加し、一九二一年二月モンゴルのクーロンを占領したが、同年七月赤軍に敗れ、ノヴォシビルスクで銃殺されたという。

またモンゴル人民革命党中央委員会付属党史研究所編前掲邦訳『モンゴル人民革命党略史』

二〇頁に「ウンゲルンは日帝の煽動で一九二〇年冬、白軍の大部隊をひきいてモンゴル領になだれ込み、『モンゴルを中国の手から解放する』『自治を再興し、ボグドを帝位につける』『モンゴル民族を統一する』『仏教を隆昌させる』などの欺瞞的なスローガンを装い、ボグド・ゲゲンはじめラマ・王公らと密約を結んだ」とある。因みに、同書の原本は一九六七年発行であり、一九六七年当時のモンゴル政府の公式見解が書かれた歴史書である、と言える。

（2）スヘバートル、チョイバルサンについては、前掲事典『アジア歴史事典』の各々の項参照。モンゴル革命史についてのモンゴル人当事者の記録として、チョイバルサン（田中克彦編訳）『モンゴル革命史』（一九七一年　未来社）が詳しい。ただ同書には、ジャムツァラーノについての記述は皆無である。

（3）モンゴル人民党は一九二四年八月の第三回大会で、モンゴル人民革命党と改称した。

（4）田中克彦『草原と革命』（一九七一年　晶文社）一四二頁に「マクサルジャブは一九二三年、スヘバートル葬送の際には弔辞を読み、またその数年後のかれの死に際してはチョイバルサンが追悼文を読んだ」とあり、マクサルジャブの没年は、一九二七～一九二八年頃ということで、はっきりしない。

磯野富士子『モンゴル革命』（一九七四年　中央公論新社）には「マクサルジャブ（一八七九－一九二七）」とあり（五〇頁）、オウエン・ラティモア（磯野富士子訳）『モンゴル』（一九六六年岩波書店）八九頁にはマクサルジャブは「一九二〇年代の中頃に死んだ」とある。

（5）モンゴル北方の、ザ・バイカル地方とも言われるバイカル湖の東岸がブリヤート地方であり、前掲事典『アジア歴史事典』の「ブリヤート自治共和国」の項に、「……十月革命後、ザ・バイカル地方は、シベリアに出兵した日本軍と白衛軍のセミョーノフの支配下にあったが、一九二〇年三月までには赤軍の支配下に入り、……ソ連の一部となり、ザ・バイカル地方は、二三年五月にはブリヤート・モンゴル自治社会主義共和国となった。……一九三〇年代は宗教や民族主義者にたいする闘争のはげしかった年で、多くの民族主義者が粛清された」とある。

ブリヤート自治共和国は、一九九一年十二月からロシア連邦所属のブリヤート共和国となった。

(6)　ワルター・ハイシッヒ（田中克彦訳）『モンゴルの歴史と文化』（一九六七年　岩波書店）二五二頁。

(7)　マクサルジャプ研究は、日本では田中克彦が最も綿密に行っており、外国ではアメリカのオウエン・ラティモア、ドイツのワルター・ハイシッヒなどが行った。一方、ジャムツァラーノ研究は、日本では田中克彦のみであり、外国ではアメリカのルーペンが目立つ程度である。因みに、モンゴル革命についての日本での研究は、戦前は政府の国策との関係で、ある程度行われていて、外務省外交史料館記録や善隣協会編の月刊誌『蒙古』などに史料や記事が散見されるが、戦後は非常に少ない。

(8)　田中克彦前掲書『草原と革命』一五六頁。

(9)　オウエン・ラティモア前掲邦訳八八頁。

(10)　本名ボグド・ゲゲン。活仏は代々転生し、ボグド・ゲゲンは八世にあたる。チベットには、ダライ・ラマ（現在十四世でインドに亡命中）、パンチェン・ラマ（現在十一世）という二人の活仏がいる。

(11)　ワルター・ハイシッヒ前掲邦訳一〇一～一〇三頁。

(12)　モンゴル国の現首都ウランバートルの古名。一九二四年十一月ウランバートル（赤い英雄の意味）に改称された。漢字で庫倫と書き、ロシアなどからはウルガと呼ばれた。

(13) 小貫雅男『モンゴル現代史』（一九九三年　山川出版社）によれば、「徐樹錚が西北辺防軍総司令を免職されたのち、北京から陳毅が外モンゴル鎮辺使として任命された」（一八〇頁）とあり、また磯野富士子前掲書によれば、一九二〇年十一月「陳毅庫倫《フレー》に着任し」（一二七頁）、一九二一年二月「中国軍の大部分は陳毅もともに北方キャフタに逃げこまざるをえなかった」（一二九～一三〇頁）とある。

(14) オウエン・ラティモア前掲邦訳八九頁にマクサルジャブは「ウンゲルン＝シュテルンベルクがウルガの活仏のもとに樹立したカイライ政府で、短期間国防大臣も務めた」とある。

(15) 田中克彦前掲書『草原と革命』一六九～一七〇頁に「チュルテム・ベイセは、かつては一九一二年のコブド地方において、中国軍に抗して、マクサルジャブと共に起ち上ったナショナリストであり……、清廉潔白な人としてモンゴル人の広い信望をあつめていた人物であった」とある。

(16) 前掲邦訳『モンゴル人民革命党略史』に「マグサルジャブの指揮下に、モンゴル軍はシテン、ワンダノフらの白軍を撃破し、……粉砕した」（四六頁）ので、「ソ連政府は、……マグサルジャブの諸将に赤軍戦功章を贈った」（四七頁）とある。またチョイバルサン前掲邦訳『モンゴル革命史』にも「ハタン・バートル軍はウンゲルンを、西モンゴルにあった白衛軍部隊から切り離し孤立させたのである」（八三頁）とある。

(17) 田中克彦『草原の革命家たち』（一九九〇年　中央公論新社）一七四頁。

(18) 同右一七八頁。

(19) 同右一九二～一九六頁、小貫雅男前掲書九八～一〇四頁。

(20) セミョーノフについては、前掲事典『アジア歴史事典』の項参照。セミョーノフは、コサックの父とブリヤート・モンゴル人の母を持つロシアの反革命派の首長である。

(21) 田中克彦は、セミョーノフは「一九一九年二月に、モンゴル系各種族の代表をチタに集め、全モンゴル諸族を統一した『大モンゴル国』樹立の構想を宣伝することによってモンゴル族を反革命の側に引寄せ、ソビエトに対する一大防壁を築こうと画策していた」（前掲書『草原の革命家たち』九五〜九六頁）と述べている。

(22) 田中克彦前掲書『草原の革命家たち』一八五頁。

(23) ソ連に加入したモンゴル族の他の例として、タンヌ・トゥワがある。タンヌ・トゥワは、モンゴル国西北に隣接するロシア連邦内の一共和国である。一九一一年までは外モンゴルの一部として中国の管轄下にあったが、一九二一年八月人民共和国として独立し、一九四四年十月同地は表向きは住民の自発的請願という形でソ連に編入され、そのロシア共和国内の自治州になり、一九六一年十月、自治共和国に昇格した。一九九一年十二月、ソ連が解体して、ロシア連邦所属のタンヌ・トゥワ共和国となった。

タンヌ・トゥワの歴史については、本書第三章参照。タンヌ・トゥワは、タンヌ・ウリヤンハイとも呼ばれている。

因みに、外務省外交史料館記録に「唐努烏梁海（タンヌ・ウリヤンハイ）地方カ地理的意味ニ於テ外蒙古ニ包括セラルルヤ否ヤニ就テハ疑アリタルモ、右地方ハ一九二六年十一月獨立ヲ完成シタルヲ以テ政治的ニハ……外蒙古トハ別個ノ地域ヲ成スモノナリ」（「資料四号」一九三二年）とある。

(24) 山内昌之『ラディカル・ヒストリー』（一九九一年　中央公論新社）二七六頁。

(25) 小貫雅男前掲書一〇三頁。

(26) 同右二〇七頁。また前掲邦訳『モンゴル人民革命党略史』八一頁に「のちにジャムサラン・ツェベーンは、右翼偏向分子の頼る外国の政策を自ら暴露して、モンゴルは『ソ・中両国を始め多くの国々によって承認された平和防衛国家にならなければならない。これは例えばスイスと同じである』と述べている」とある。ジャムサラン・ツェベーンは、田中克彦前掲書『草原の革命家たち』一八四頁によれば、ジャムツァラーノのことである。

第五章　ソ連とクリミア・タタール人

一、はじめに

ヨーロッパ東部のウクライナの南端にあり黒海に臨むクリミア半島には、太古からモンゴル系のクリミア・タタール人が居住し平和に暮らしてきた。だが、第二次世界大戦中にソ連のスターリンにより、ナチス・ドイツに協力したという不当な言いがかりをつけられて、クリミア・タタール人は遠く、ソ連領の中央アジアへ強制移住させられた。[1]

ソ連の独裁者のスターリンが死亡した後もクリミア・タタール人の故郷への帰還は許されなかったが、一九八五年三月にソ連でゴルバチョフ政権が成立すると、クリミア半島への帰還が認められるようになったという。[2] これで、クリミア・タタール人もようやくクリミア半島という故郷で暮らせるようになった。

だが、二〇一四年三月になって、クリミア半島でロシア系住民がウクライナからの独立を狙う住民投票を勝手に行った。その結果独立賛成票が過半数に達したと称して、ロシア系住民は一方的にウクライナからの独立を宣言し、ロシアへの加入を要求した。そのためロシアが、強引にクリミア半島を併合する事態となってしまったのである。その結果、大国ロシアの中で少数派となったクリミア・タタール人は苦しむことになった。

いつの時代も、少数民族というものは多数民族により弾圧され、苦しみが続くものなのである。私は以下本章で、少数民族のクリミア・タタール人の近現代の歴史を、ソ連時代を中心に詳しく見たいと思うのである。

二、クリミア・タタール人の近代史

まず最初に、クリミア・タタール人の近代史を見たい。

一四三〇年にモンゴル系のクリミア・タタール人でチンギス・ハンの孫のバトゥの弟の子孫が、クリミア半島南部のバフチサライを首都に、クリミア・ハン国を成立させた。(3) クリミア・ハン国は後、オスマン帝国の保護国となったが、一七八三年にロシア帝国に併合された。早速、ロシア帝国はクリミア半島南西部のセバストポリにロシアとして初めての海軍である黒海艦隊の基地を置き、南への軍事拠点として重視したという(4)。

タタールとは、元々八世紀頃にその名が見えるモンゴル系の一部族の名前で、宋代の漢族がこのタタールの漢字音訳を韃靼《だったん》の名で総称し、またヨーロッパ人も、ヨーロッパに侵入したモンゴル帝国の軍をタタール軍と呼び、その支配下にあったトルコ系の民族をもタタールと呼ぶようになったという(5)。

村松一弥によるとロシア人がタタールと呼ぶ集団はヨーロッパ・ロシアにも、シベリアにもいるが、その中で代表的なものは、一三世紀にボルガ河畔に建国されたキプチャク・ハーン国の子孫で、トルコ人とブルガリア人とが混血したカザン・タタールであり、トルコ・イスラム文化圏のうちの北西部に住むので北西トルコ族などともいわれる、とある(6)。

次に、クリミア・ハン国の独立後を山内昌之の書籍により、溯ってもう少し見たい。クリミア・ハン国は独立後、一時はロシア帝国やポーランド王国に脅威を与える程の強国に成長したが、やがて衰えてオスマン帝国の支配下に入った。一八世紀に入り、オスマン帝国はロシア帝国との間に起きた露土戦争に敗北し、一七七四年のキュチュク・カイナルジャ条約でクリミア・ハン国に対する保護権を放棄した。代わって、ロシア帝国がクリミア・ハン国に対する保護権を手に入れたという。(7)

その結果、ロシア帝国はエカチェリーナ二世の治世の時、クリミア・ハン国を一七八三年に併合した。そしてその後ロシア帝国は、イスラム教を一応は保護しつつもロシア人の、クリミア半島への移住を認めたため、クリミア・タタール人はクリミア半島でロシア人に迫害され、多くの犠牲者を出すことになった。

ところでその後、一八五三年から一八五六年にかけて、このクリミア半島でクリミア戦争という戦争が起こっている。この戦争はキリスト教とイスラム教の両方の聖地である、中東のエルサレムの管理権をめぐって対立していたロシア帝国とオスマン帝国が開戦して始まったものであり、戦争はイギリスとフランスがオスマン帝国側についたことで、結局ロシア帝国の敗北に終わったという。なおこの時、クリミア半島が主戦場となったので、クリミア・タタール人は相当苦しめられたようである。(8)

山内昌之は言う。「併合からクリミア戦争を経て十九世紀末にいたるまで、クリミア・タタール人の歴史は疾病や飢えによる犠牲者を多く出した民族移住の悲劇で彩られている。この結果、クリミア・タタール人の共同体は、半島では正常な発展を阻害された少数民族の地位に転落し、ツァーリの後光を背負ったロシア人社会のなかに埋没することになった」[9]と。クリミア・タタール人の、第一の悲劇である。

クリミア半島内のクリミア・タタール人の全体に占める人口比を見た場合、一八九七年には三十六パーセントを占めていたが、二〇一四年になると十三パーセントしか占めなくなった、という。クリミア・タタール人の人口も、後の強制移住などを通し大幅に減少してしまったことがわかる[10]。

やがてロシア帝国で一九〇五年に革命が起きると、ロシア領内のイスラム教徒の、自立を目指した民族運動が昂揚し、著名なクリミア・タタール人知識人のガスプリンスキーが登場した。ガスプリンスキーの詳しい活動は山内昌之や小松久男の書籍に譲るが[11]、ガスプリンスキーが共通トルコ語の学校を作ることを含めた教育活動を行い、各地に学校を建設した意義は非常に大きいものがある。なぜならば民族の文化の基本として、学校教育は重要なのであり、将来を担う子供達を育成することは意味があることだからである。ガスプリンスキーは、また共通トルコ語の新聞や雑誌を出版するなどの活動も行ったという。

だが、「ロシア革命によって成立した共産党ボリシェヴィキ政権は、国境を横断する共通トルコ語……を喜ぶはずもな[12]」く、ガスプリンスキーの運動はつぶされていく。

これに関し、山内昌之は「暴力や陰謀に無関係だったガスプリンスキーは、ソ連が解体して共産主義イデオロギーの呪縛が解けた現在、イスラーム史の上でアフガーニーにもまして見直されてよい存在であろう[13]」と、ガスプリンスキーを非常に評価している。

因みに、アフガーニーとは一九世紀のアフガニスタン出身の思想家で、イスラム教と近代科学の調和を唱え、パン＝イスラム主義を提唱してイスラム諸国の立憲改革や民族運動に影響を与えた人物のことである[14]。

三、クリミア・タタール人の現代史

次に、クリミア・タタール人の現代史を見たい。

ロシア革命前、ロシアの革命家達はロシア帝国全体に散らばって居住しているムスリムを味方につけるために、ムスリムに対する働きかけを強めていた。だが、一九一七年にロシア革命が成功し、ロシアに社会主義政権が成立した途端に社会主義政権側はムスリムに対して、手の平を返したように厳しい政策を押しつけていくことになるのである。その厳しい政策の典型的例が、農業の集団化であった。それがクリミア・タタール人の減少につながり、圧迫も強まっていく。

やがてソ連でスターリンの独裁時代になると弾圧政策は一層厳しくなり、到頭第二次世界大戦中の一九四四年五月、スターリンはクリミア・タタール人がナチス・ドイツに協力しているという不当な言いがかりをつけて、クリミア・タタール人を中央アジアへ強制移住させてしまう。[15] クリミア・タタール人の、第二の悲劇である。強制移住先は主に、ソ連領内の中央アジアのカザフ共和国とウズベク共和国であった。

強制移住させられたのはクリミア・タタール人のみならず、ヴォルガ・ドイツ人、カルムィク人、チェチェン人、メスヘティア・トルコ人、朝鮮人などソ連領内の数百万人の少数民族に及んだという。[16]

鄭棟柱によると、ソ連が「社会の各界各層で敵をさがしだしたのち、次の標的とされたのがまさに少数民族だった（朝鮮・ドイツ・クリムタタール、北カフカズの諸民族）。少数民族が弾圧の対象とされたのは決して偶然ではない[17]」という。その強制移住の典型的例を一つ挙げると、ソ連の沿海州にいた十七〜十八万人の朝鮮人が中央アジアへ一九三七年九月に強制移住させられたというのがある。朝鮮人の場合は、日本の軍部と結びつくのをスターリンが恐れたため、強制移住させられたようである。

中には強制移住後「ほとんど全員が銃殺された。日本のスパイ行為をはたらいたという濡れ衣を着せられ[18]」た朝鮮人もいたという。これこそ、悲惨な出来事の典型である。

鄭棟柱の書籍の、訳者による解説に「高麗人の移住以後、ドイツ人、チェチェン人、アルメニア人等の少数民族に対しても強制移住が命じられ、その総数は一三五〇万人に達したとされる[19]」とある。その数の中には、クリミア・タタール人も入っているのである。

クリミア・タタール人は強制移住させられた後、中央アジアにおいて飢餓や過酷な労働で多くの人が命を落としたという[20]。第二次世界大戦が終結しナチスが消滅した後も、クリミア・タタール人等に対する弾圧は続いていたが、一九五三年三月に独裁者のスターリンが死亡すると、少数民族に対する政策も若干変わっていく。

その政策変更がわかるのが、以下の、『朝日新聞』の記事である。「一九五四年にはソ連のフルシチョフ書記長がウクライナの経済振興のため、クリミアをロシア共和国からウクライナ共和国に移管させた[21]」とある。フルシチョフ自身は一九五四年実権を握りつつあった当時、まさか後にソ連が崩壊するとは夢にも思っていなかったであろうから、こういう措置を取ったのであろう。つまり、これは当時としては単なる国内での移管にすぎない、とフルシチョフには思われたのである。

ところが、一九九一年十二月に肝心のソ連が崩壊してしまったので、この移管が後で混乱のもとになった。『朝日新聞』の別の記事に、「クリミアをロシアからウクライナに譲ったのも、ウクライナの懐柔策だったという説がある[22]」とある。だが、なんと、あろうことかロシアとウクライナが別々の独立国家となってしまったのである。そのため黒海艦隊の母港であるセバストポリも当然ウクライナ領となったが、黒海艦隊そのものはロシアが支配し続けた。そしてその地位をめぐる争いで、一九九〇年代半ばになっても黒海艦隊の大半の艦船は旧ソ連海軍旗を掲げていたという[23]。

もめ事が続いたが、やがてウクライナが一部を自国海軍に移し、ロシアがセバストポリを借りて黒海艦隊を引き継ぐことで決着し、ロシアとウクライナの間で一九九七年に友好条約が批准されたという[24]。因みに、前から本章に出ている黒海艦隊というのは、太平洋艦隊・バルト海艦隊・北洋艦隊・カスピ小艦隊と並ぶ、今日のロシア海軍の主要な艦隊の一つのことである。

ところで、一九八五年三月に成立したソ連のゴルバチョフ政権がペレストロイカ（改革）を始めると、その一環として少数民族の故郷への帰還を認めるようになり、クリミア・タタール人もクリミア半島への帰還を一九八八年頃から本格的に始めるようになったという。

小松久男の書籍にも、「一九八九年から九七年までのあいだに中央アジア諸国からは、およそ三五〇万人もの人々がロシアに移住した。その大半はロシア人であるが、タタール人やウクライナ人も少なくはない」[25]とある。一九九一年十二月のソ連崩壊後は、クリミア半島へのクリミア・タタール人の帰還者が増加したようである。

ここで、クリミア・タタール人などを帰還させた旧ソ連領の中央アジアの国々の方の、その後を少し見たい。クリミア・タタール人などが故郷のクリミア半島などに帰ってしまったため、中央アジア各国共深刻な人材難に陥ったという。小松久男の書籍に、「タタール人……も少なくはない。帰還しても職をえられず、ふたたび中央アジアに帰る人々もあとをたたないが、……大量流出は、中央アジア諸国の生産・管理部門に深刻な人材難を生み出した」[26]とある通りなのである。中央アジア諸国にとっては、厳しい状況になってしまった。中央アジア諸国の、今後に注目したい。

最後に、最近のウクライナ情勢を見たい。ウクライナがヨーロッパに接近し、ＥＵ入りを目指すようになると、ロシア系住民がクリミア半島で人口の六十パーセントを占めているため、ウクライナ政府とクリミア半島のロシア系住民との対立、という新たな問題が起こったという。二〇〇五年に就任した反ロシア派のユーシェンコ大統領が黒海艦隊の早期撤退を求めたため、ロシアからの天然ガス供給停止などを招き、ロシアとウクライナとの関係悪化の原因となった。逆に、二〇一〇年に就任した親ロシア派のヤヌコビッチ大統領の時には、一転して黒海艦隊駐留の二十五年延長で合意したという[27]。

だが、二〇一四年六月に正式に就任した反ロシアで親EU派であるポロシェンコ大統領は、正式就任前から反ロシア政策を強めていた。そのため、それに反発したクリミア半島のロシア系住民により、二〇一四年三月十六日に独立の可否を問う住民投票が勝手に行われた。その結果、独立賛成票が過半数に達したと称して、ロシアはクリミア半島のロシア系住民の意思（独立後はロシアに加入すること）に基づき、三月十八日に一方的にクリミア半島を併合してしまった、ということなのである。クリミア・タタール人の、第三の悲劇である。これにより、ロシアと欧米の対立が一層深まることになった。

ウクライナのポロシェンコ大統領は二〇一五年五月八日の、第二次世界大戦の対独戦勝利七十周年記念式典で演説し、「『勝利を独占し自らの帝国主義的政策の言い訳に使う権利はない』と激しくロシアを批判した[28]」という。

また、二〇一五年五月十二日、ロシアを訪問したアメリカ合衆国のケリー国務長官がロシアに対する経済制裁解除を話し合った際、「ロシアが昨年ウクライナから一方的に併合したクリミア半島の返還については、制裁解除の条件として言及しなかった[29]」という。

アメリカ合衆国とロシアが対話の継続という点では一致したものの、アメリカ合衆国が後援しているウクライナと、ロシアとの対立が一朝一夕でとけるとは私には思えない。対立は、内戦にまで至っているのであり、クリミア・タタール人は前途多難なのである。

ウクライナのポロシェンコ政権のヤツェニュク首相は先の二〇一四年三月九日に、「『ウクライナの土地はたとえ一センチでも譲らない』と演説した[30]」というが、その一週間後の三月十六日の住民投票の結果に基づいて、ロシアはクリミア半島を強引に併合してしまったということなのである。このクリミア半島併合の時、クリミア・タタール人の脳裏にソ連のスターリン時代の少数民族弾圧という悪夢がよみがえったのではないか、と私は思う。

四、おわりに

以上のように私は、本章で、クリミア・タタール人の、近現代の歴史をソ連時代を中心に見てきた。ここで、まとめたい。クリミア・タタール人はこれまで苦難の歴史を歩んできており、今後の彼等の動向は予断を許さない、ということになると思われる。私はこれからも、クリミア・タタール人の歴史を詳しく調べていきたいと思うのである。(31)

注

(1)『朝日新聞』前掲「タタール人　ロシア警戒　クリミア　少数派の先住民」に、「タタール人は1944年、ナチス・ドイツに協力したとの理由で旧ソ連のスターリンによって中央アジアへ強制移住させられた」とある。また、小松久男編『新版世界各国史4　中央ユーラシア史』(二〇〇〇年　山川出版社)四〇九頁に、「第二次世界大戦中にクリミア・タタール人……など数百万の少数民族が移住させられた中央アジアは、さながら『民族の流刑地』の様相を呈することになった」とある。他に、毛里和子『周縁からの中国』(一九九八年　東京大学出版会)には、「現在の中国では、旧ソ連の民族政策は次の諸点で大きな誤りを犯したとする見解が主流である。……三〇－四〇年代には多くの民族を強制移住させるなどの誤りをおかした」(三〇四頁)とある。

さらに、田中克彦『ノモンハン戦争』（二〇〇九年　岩波書店）に、強制移住という「懲罰を受けたのは、カルムィク人だけにとどまらなかった。……クリミア・タタールなどの諸民族が、まったく同じような運命をたどった」（二二二頁）とある。

（2）『朝日新聞』前掲「タタール人　ロシア警戒　クリミア　少数派の先住民」。

（3）同右に、「一五世紀にクリミア半島南部のバフチサライを首都に成立したモンゴル系のクリミア・ハン国の民の子孫」とある。

（4）林健太郎・堀米庸三編『世界の戦史6　ルイ十四世とフリードリヒ大王』（一九六六年　人物往来社）に、「アゾフ要塞……（一六九六年）このときに建造されたアゾフ艦隊は、本格的なロシア海軍のはじめとなる」（一一八頁）とある。なお、この、黒海の北東にあるアゾフ海に成立したアゾフ艦隊が後、黒海艦隊となったようである。

（5）村松一弥『中国の少数民族』（一九七三年　毎日新聞社）六二頁。

（6）同右一二〇～一二一頁。その文の続きに、一九七三年「現在、その主力はソ連のタタール自治共和国に居住している」（一二一頁）とあるが、今日その行政区域は、ロシア連邦内のタタールスタン共和国となっている。

（7）山内昌之『世界の歴史20　近代イスラームの挑戦』（一九九六年　中央公論新社）八一～八三頁。また、長谷川輝夫他『世界の歴史17　ヨーロッパ近世の開花』（一九九七年　中央公論新社）には、「ロシア歴代のツァーリ政府は対タタール防衛に大きな力を注がなければならなかった。クリミア・タタールは強大なあのオスマン帝国の臣従国家でもあったからである」（二六九頁）とある。

（8）山内昌之前掲書『世界の歴史20　近代イスラームの挑戦』一七五～一七九頁。なお、クリミア戦争の詳細については、林健太郎・堀米庸三編『世界の戦史8　ビスマルクとリンカーン』（一九六七

年　人物往来社）一二六～一五六頁を参照のこと。
（9）山内昌之前掲書『世界の歴史20　近代イスラームの挑戦』三二七～三二八頁。
（10）同右三二八頁、『朝日新聞』前掲「タタール人　ロシア警戒　クリミア　少数派の先住民」。
（11）山内昌之前掲書『世界の歴史20　近代イスラームの挑戦』三二八～三三三頁、小松久男編前掲書三八五～三八八頁。
（12）山内昌之前掲書『世界の歴史20　近代イスラームの挑戦』三三二頁。
（13）同右三三三頁。
（14）同右二四二～二四八頁。
（15）小松久男編前掲書四〇九頁。また、木村靖二他『世界の歴史26　世界大戦と現代文化の開幕』（一九九七年　中央公論新社）に、スターリン時代「タタール共和国でも、クリミア共和国でも『民族主義者』の逮捕が相ついだ」（三八七頁）とある。
（16）小松久男編前掲書四〇九頁。
（17）鄭棟柱（高賛侑訳）『カレイスキー　旧ソ連の高麗人』（一九九八年　東方出版）一一二頁。
（18）同右一二六頁。
（19）同右二二二頁。
（20）『朝日新聞』前掲「タタール人　ロシア警戒　クリミア　少数派の先住民」。
（21）『朝日新聞』二〇一四年三月三日号の「ソ連崩壊後もロシア艦隊駐留　クリミア　南方への軍事拠点　住民六割ロシア系」。
（22）『朝日新聞』二〇一五年一月十六日号の「極東のウクライナ系　一九世紀から移住　ロシア全土に二千万人」。

(23)『朝日新聞』前掲「ソ連崩壊後もロシア艦隊駐留　クリミア　南方への軍事拠点　住民六割ロシア系」。
(24)同右。
(25)小松久男編前掲書四四八頁。
(26)同右四四八頁。
(27)『朝日新聞』前掲「ソ連崩壊後もロシア艦隊駐留　クリミア　南方への軍事拠点　住民六割ロシア系」。
(28)『朝日新聞』二〇一五年五月十日号。
(29)『朝日新聞』二〇一五年五月十四日号の「米ロ　対話継続で一致　ケリー長官、プーチン氏らと会談」。
(30)『朝日新聞』前掲「タタール人　ロシア警戒　クリミア　少数派の先住民」。
(31)『朝日新聞』前掲「米ロ　対話継続で一致　ケリー長官、プーチン氏らと会談」に、「米政府は、ロシアがウクライナ東部で親ロ派への支援を続けているとみており、不信は根深い」とある。また、『朝日新聞』二〇一五年五月二十九日号の「ロシアのクリミア半島併合『中国、世界の対応注視』」に、「バイデン米副大統領は27日、ワシントンで講演し、ロシアによるウクライナのクリミア半島併合などの行為を『覇権的な野望だ』と批判した」とある。

おわりに

以上のように私は本書でまず最初にソ連と隣接していたアジアの三国、トルコ・イラン・アフガニスタンと、ヨーロッパの三国、フィンランド・ポーランド・ルーマニアとに対するソ連による様々な圧迫活動を見た。そして次に、ソ連によるタンヌ・トゥワ併合とモンゴル革命時のモンゴル人の動きを見、最後にウクライナ南端のクリミア・タタール人の近現代史を見た。

ここで、まとめたい。これら諸国の苦悩は一九九一年十二月のソ連の崩壊により、少しは緩和されると思われた。だが、二〇一四年から二〇一五年にかけてのウクライナに対するロシアの圧力を見ていると、その苦悩が緩和されるどころかむしろ逆に強まっているように思われる[1]。

つまり、社会主義のソ連から資本主義のロシアというように国家体制が変わっても、元々この国の持って生まれた体質と言える「膨張主義」体質は少しも変わることなく継続していて、今後は、むしろそれが益々強化されるのではないかということなのである[2]。とところで、二〇一五年六月のドイツのエルマウ・サミットではウクライナ問題も話し合われていた。ということは、このウクライナ問題が今日の世界の最重要課題の一つとなっていることがわかる。[3] 私はこれからも、ソ連時代からロシア時代にかけて一貫して続いている「膨張主義」政策を詳しく調べていきたいと思うのである。[4]

注

(1) 『朝日新聞』二〇一四年五月十五日号の「親ロ派、軍に撤退要求」に、「親ロシア派は十一日に、占拠する東部ドネツク、ルガンスクの両州で住民投票を実施。十二日には『九割前後の賛成を得た』として独立を宣言した」とある。

(2) 『朝日新聞』二〇一三年二月八日号の「『火薬庫』五輪　祖国胸に　民族紛争傷残るソチ周辺」に、「グルジア内部でも南オセチアとアブハジア自治共和国は独立を宣言し、〇八年のロシアとグルジアの軍事衝突後に両地域の独立をロシアが承認。だが、日本や欧米は認めていない」とある。また、油井大三郎他『世界の歴史28　第二次世界大戦から米ソ対立へ』(一九九八年　中央公論新社)に、ソ連は一九三九年九月の「ドイツのポーランド侵攻を利用して帝政時代の領土の回復を図ろうとした膨張主義的な意図も持っていた」(二四頁)とある。他に、『朝日新聞』二〇一五年六月五日号の「ウクライナ領内『ロシア兵９０００人』ポロシェンコ大統領」に、「ウクライナのポロシェンコ大統領は……国境を越えたロシア側からの本格的な侵攻にも備える必要性を訴えた」とある。

（3）『朝日新聞』二〇一五年六月八日号に、「ドイツ・エルマウで開かれている主要7カ国首脳会議（G7サミット）で……ロシアが一方的にクリミア半島を併合したウクライナ問題については、安倍首相は『力による現状変更には毅然と対応しながら、ロシアとの対話を継続することが重要だ』と主張した」とある。また、『朝日新聞』二〇一七年三月四日号の「親ロ派　支配地の企業接収」に、「ウクライナ東部を占拠する親ロシア派勢力は1日、支配地域で活動するウクライナ企業を強制管理に移すと発表した。……親ロシア派は、石炭などを『ロシアやその他の国』に売却するとしている」とある。他に、『朝日新聞』二〇一七年七月四日号の「『核武装』くすぶるウクライナ」に「……米国とロシアなどが領土の保全を約束したことで核を放棄したが、ロシアによるクリミア併合などを経て、再び核武装論がくすぶりだした」とある。

（4）『朝日新聞』二〇一七年八月七日号の「スウェーデン　軍備強化へ転換」に、「軍事非同盟を貫いて19世紀から他国と戦火を交えずにきたスウェーデンが、ロシアの脅威の高まりを受けて、軍備強化へと方針を一変させた」とある。

因みに本書の五つの文章の中で、最後の第五章以外はすべて私が過去に発表した論文である。その中で特に、第一章と第三章はソ連崩壊前の、ソ連の「膨張主義」政策がまだ公然と語られていた時期に執筆したものであるが、その時代性を考えて、あえて加筆はしなかった。

次に、各章の元になった論文名を記しておきたい。

第一章

「世界史における民族主義　—ソ連（ロシア）と隣接するアジア三国の領土問題を中心に—」

『筑波大学創立十周年記念東洋史論集』

一九八六年　雄山閣出版

第二章
「旧ソ連膨張主義論についての一考察—ヨーロッパ三国について—」
『歴史と地理　世界史の研究』第一七九巻
一九九九年五月号　山川出版社

第三章
『『独立』から『自治共和国』までのタンヌ・トゥワ—外モンゴルとの比較を通して—」
『中嶋敏先生古稀記念論集（上巻）』
一九八〇年　汲古書院

第四章
「モンゴル革命についての一考察—マクサルジャプとジャムツァラーノ」
『歴史と地理　世界史の研究』第一六八巻
一九九六年八月号　山川出版社

第五章　書き下ろし

最後になったが、私は本書の資料収集において、外務省外交史料館の方々に大変お世話になったことに感謝したい。

また、いつも応援してくれている私の家族にも感謝したい。他に、東京図書出版の皆様にも感謝したい。

二〇一八年二月

寺島英明

寺島　英明（てらしま　ひであき）

近現代史研究家。

1952年兵庫県宝塚市生まれ。

東京教育大学文学部史学科東洋史学専攻卒業後、筑波大学大学院歴史・人類学研究科（史学）博士課程を単位取得退学。2013年３月まで千葉県和洋国府台女子中学校・高等学校で、社会科教諭。専門はモンゴル近・現代史。

〈著書〉
『大戦間期中国・内モンゴル地域の少数民族問題』（2014年　文芸社）
『もう一つの日中戦争』（2016年　東京図書出版）
『中国少数民族「独立」論』（2017年　東京図書出版）
〈共訳〉
日中戦争史研究会編・訳『日中戦争史資料 ── 八路軍・新四軍』（1991年　龍渓書舎）

ソ連膨張主義論

2018年4月7日　初版第1刷発行

著　者　寺島英明
発行者　中田典昭
発行所　東京図書出版
発売元　株式会社 リフレ出版
〒113-0021　東京都文京区本駒込 3-10-4
電話 (03)3823-9171　FAX 0120-41-8080
印　刷　株式会社 ブレイン

ISBN978-4-86641-130-9 C0030
Printed in Japan 2018
落丁・乱丁はお取替えいたします。

ご意見、ご感想をお寄せ下さい。
［宛先］〒113-0021　東京都文京区本駒込 3-10-4
東京図書出版